特许经营精品丛书

李 维 华 讲 特 许

特许经营
新思维

TEXU JINGYING
XINSIWEI

李维华 著

企业管理出版社
ENTERPRISE MANAGEMENT PUBLISHING HOUSE

图书在版编目（CIP）数据

特许经营新思维 / 李维华著 . -- 北京：企业管理出版社 ,2021.3

ISBN 978-7-5164-2282-3

Ⅰ．①特… Ⅱ．①李… Ⅲ．①特许经营 Ⅳ．① F713.3

中国版本图书馆 CIP 数据核字 (2020) 第 216665 号

书　　名：	特许经营新思维
作　　者：	李维华
责任编辑：	张　羿
书　　号：	ISBN 978-7-5164-2282-3
出版发行：	企业管理出版社
地　　址：	北京市海淀区紫竹院南路17号　邮编：100048
网　　址：	http://www.emph.cn
电　　话：	编辑部（010）68416775　发行部（010）68701816
电子信箱：	qygl002@sina.com
印　　刷：	河北宝昌佳彩印刷有限公司
经　　销：	新华书店
规　　格：	710mm×1000mm　1/16　14印张　207千字
版　　次：	2021年3月第1版　2021年3月第1次印刷
定　　价：	68.00元

版权所有　翻印必究・印装有误　负责调换

丛　书　序

让大家听得到、看得到、用得到的特许经营思想

起初我是不打算写序言的，因为我想直接向读者奉献关于特许经营的知识和实战技法的干货。

然而，我最终还是决定给2021年年初出版的这5本关于特许经营的书写个序言，毕竟还是有很多话要向读者说。

随着时代的发展以及特许经营理论研究和实践探索上的不断深入和扩展，特许经营这门学科的内容也在不断完善，本次出版的这5本书囊括了我奉献给读者的系统、前沿、科学、实战、全面的特许经营知识。

《特许经营学：理论与实务全面精讲》这本书早在2003年就作为大学教材出版了，当时的书名是《特许经营概论》。出版之后，我从未停止对这本书的更新：2005年出版《特许经营理论与实务》；2009年出版《特许经营学》。到现在，2021年出版的《特许经营学：理论与实务全面精讲》又将和读者见面了。

关于招商的知识，最为严重的问题之一就是碎片化，即缺少相关全面化的系统性知识，这不得不说是特许经营学科招商分支理论的缺憾和漏洞。招商人因而不得不一直奋斗在对招商知识和实战技法完整性的不断寻求中，这显然已经严重影响了特许经营企业的发展。在这次出版的《招商理论与实务全攻略》一书中，我努力弥补这个空白，力求完整、全面分析研究招商的理论与实务，形成独立且完整的知识系统和实战技法策略。

《成功构建特许经营体系五步法》一书的成型基于两种积累。一是我把做顾问咨询与实践过程中遇到的问题、难点或障碍等都作为必须要攻克的课题，然后用科研的方式给出理论上的解决方案；二是在形成理论上的解决方案之后，又把它们放到实践中反复检验直到确认有效。当然，这样的研究方法会占用较长的时间，但是，基于实践的研究是我的不可打破的底线。这本书中的步骤、模板、技巧、技法、工具等，都是经过反复验证的经验成果。

《选址学概论：单店选址理论与实务》这本书也是在我多次独立选址或参与选址的基础上对实战技法进行提炼和提升，并与理论有机融合的成果。实战和理论兼备的内容，才是真正值得学习的。这本书的一个显著特点是在传统的定性选址分析之外，在选址的定量分析上花了不小篇幅，其中很多表格、算法、模型都可以直接作为科学选址的工具。

《特许经营新思维》的介绍和来龙去脉，大家可以去阅读那本书的序言，此处就不赘言了。

我自1998年就产生的使命感一直督促着我去构建完整的特许经营学科的知识体系，我每时每刻都在尽己所能去做特许经营学科的修补和完善，为我早年提出的特许经营学科这座大厦添砖加瓦。

不断完善、增加内容，对完美的追求使我始终不敢、不愿意出版更新的书，我觉得要研究的内容太多，我一直在更新、更新、更新，也一直在等待一个最合适的时机。

2020年特殊的几个月里，我集中精力把之前零散的研究成果、碎片的笔记、特许经营学急需解决的系列问题、多年的心得体会和搜集的案例分析等做了全面、系统、科学化的梳理。那段日子，我完全颠倒了白天与黑夜，坚持每天写作至少12个小时，经常半夜一个人点灯熬油地研究和创作，或者在某个早晨因为一个灵感就爬起来码字。然而，一想到读者可以获得更好、更全、更新的特许经营知识，我就觉得辛苦也是一种人生的快乐。

梳理的过程是非常烦琐的，比如为了让知识和案例尽可能全面覆盖行业、品牌、成败、新老、国内外、大小、古今、宏观战略和操作细节、理论与实战、定性和定量、模板、逻辑、特色与融合等方方面面，我不得不花费大量的时间和精力去搜索和研究海量信息。我经常针对某一个企业的案例去研读几十上百篇文章，到不同店里去实际消费、体验和研究，去和相关经营者、管理者、员工、消费者、供应商交流，当然还有在我的顾问咨询项目里做实验。

本着文字必须精练、不说废话的原则，我一直在对书稿内容进行核心化加工整理。书中的某个案例分析、某个知识点讲解、某个观点，可能呈现出来的只有几十个字，但这是我从大量的研究资料、多年的店内体验中思索提炼出的精华。书中的一个普通数据，也都有可能是我多渠道获得，并反复校正的结果。至于那些首次公开的模型、公式、算法、工具等则是我的最新研究成果，全部是仔细推敲并实际验证有效的成果。

为了让读者能够应用书中的知识去实践，我还把20多年来的顾问咨询工作中积累的大量模板，包括目录、表格、文案、示意图、流程、手册等都收录于书中。我不担心被抄袭，相反，我希望大家能够积极主动地运用它们，因为知识的价值之一在于分享。以后我依然会持续研发更多、更新、更好的内容，这是没人能抄袭的。

还有，就像我一直讲的，我力图在讲解知识的同时，传达更多思想、方法和智慧，因为知识有专业划分，但思想、方法和智慧却是相通的。

这5本书只是我的又一个阶段性的成果，在特许经营领域，我还会初心不改，持续更新，也希望大家继续关注特许经营。

我要感谢我曾经和未来的所有读者、客户、学生、维华商创的同事、合作伙伴，以及书中所引用内容的作者们，是他们给了我很多灵感、启发或研究的方向。

感谢企业管理出版社的朋友们，是他们的信任和支持才使这5本书面世。还要特别感谢我的最爱，也就是我的女儿，自从有了她，我生命中的每一天都是春天,充满阳光,在我疲劳的时候,女儿的笑容总能让我能量满满。

最后,我坚信所有的读者朋友都能从书中有所收获。让我们一起努力,用特许经营的思维和智慧,用中国特许经营思想去实现我们的价值、事业和梦想。

李维华

2020年10月14日于北京

序 言

随感而发的杂文集

本书绝非刻意而写，全是我这些年在日常的特许经营研究与实践中遇到的问题、现象后随之而有的真实感想、思考。所以，本书涉及的问题、答案及想法等都是特许经营实践中可能遇到的问题及需要了解的知识。在我的这些答案或想法成为体系化的理论之前，为飨读者，我就先把它们结集出版。

本书可以看作特许经营领域的《论语》，形式短小精悍，内容一针见血，风格直奔主题，范围涉及特许经营与连锁经营的人财物、产供销、体系、总部、单店、手册、标准化、招商、盈利模式、趋势、案例、前沿等众多方面。所以，本书可供读者随身携带、随查随用。

与我的其他著作相比，本书还有一个特点，有很多内容是单独针对某一个企业进行的专门的、综述性的分析。关于这些企业的很多资料来自于图书、网络上的公众媒体和自媒体，甚至取材于一些网友的观点。所以，基于个别偏倚资料上的个别判断和结论，自然就可能有所偏倚，但这不会影响我们以有则改之、无则加勉的原则去学习和借鉴。

本书里的内容虽然都是我平时的零散观点，但我力求用最少的文字完整、完美、有深度地表达我对于特许经营深思熟虑后的观点。当然，这部著作只是开始，并不是结束，未来我还会有第二部、第三部乃至很多部的关于特许经营的杂文结集出版。

敬请所有亲爱的读者关注持续不断的我的杂文新结集，让我们一起沉浸在特许经营的迷人世界里并以之变现你想要的创业、事业、财富等梦想。

李维华

2020年10月于烟树

目　录

1　值得借鉴的成功做法

1.1　宜家2020财年销售业绩稳定原因探究 …………………………………003

1.2　航空公司寻求特许经营之路自救 ………………………………………004

1.3　从周黑鸭谈起做企业的四句有序"真经" ……………………………005

1.4　巴比馒头的财富传奇亮点集锦 …………………………………………007

1.5　廉价或奢侈，量、价应占一条 …………………………………………010

1.6　投资周黑鸭，天图10年赚取7亿元 ……………………………………011

1.7　伟大的背后往往是无心插柳 ……………………………………………012

1.8　我们可以向哈根达斯学什么 ……………………………………………013

1.9　一颗枣卖到每年60亿元，还卖成了上市公司 …………………………014

1.10　一个毛线球卖8万元靠的是什么 ………………………………………017

1.11　美特斯邦威和森马转型的天壤之别 ……………………………………019

1.12　康拉德·希尔顿成功的真正秘诀是什么 ………………………………020

1.13　黑石依靠特许经营成就史上最赚钱的PE投资 …………………………021

1.14　国内汽车后市场该向何处去 ……………………………………………023

1.15　周大福、海澜之家异曲同工 ……………………………………………025

1.16　周大福实施多品牌化的策略 ……………………………………………027

1.17　跨界、联名的成与败 ……………………………………………………028

1.18　向ZARA学习什么及规避什么 …………………………………………029

1.19　优衣库的成功＝抓住战机＋专业用心 …………………………………032

1.20	沃尔玛几件不为人熟知的趣事	035
1.21	实体店要凉凉吗	037
1.22	看不懂的星巴克	038
1.23	麦当劳和星巴克的一个相似之处发人深省	039
1.24	多难可以兴企——宜家	040
1.25	突破传统商圈限制有诀窍，以宜家为例	042
1.26	开店要有战略规划，以北京南站肯德基为例	043
1.27	麦当劳的新举措	043

2 值得吸取的教训

2.1	克莉丝汀为何连亏7年	047
2.2	从狗不理集团的声明谈起	049
2.3	保守的谭木匠可以更激进些	051
2.4	遗憾的拉夏贝尔	053
2.5	令人失望的屈臣氏	054
2.6	"咖啡陪你"灰飞烟灭的启示	056
2.7	好利来"散伙"背后的警醒	060
2.8	西安奔驰漏油事件启示	061
2.9	周黑鸭，你的特许经营步子应该再大些	062

3 特许经营趣史

3.1	巴清与政府特许	065
3.2	桑弘羊与特许经营	065
3.3	西汉召开世界上首届"特许经营论坛"	066
3.4	胡雪岩与连锁经营	067
3.5	美国退伍老兵与特许经营全球发展契机	067
3.6	特许经营拯救了奥运会	068

目录

4 特许经营基本知识

4.1 连锁和加盟的区别……071
4.2 姓名可以特许经营吗……071
4.3 什么是特许经营……072
4.4 "简单化"的不只是制度、流程……073
4.5 一个产品如何做特许经营……073
4.6 特许&连锁企业升级与创新要认真衡量、合理抉择……075
4.7 特许经营企业的名称指数……076
4.8 特许经营总部应选在哪个城市……077
4.9 特许经营有多少"体系"……078
4.10 战略要细化到什么程度……079
4.11 有很多终端消费者资源，如何开发利用……079
4.12 如何实施企业的特许经营……080
4.13 直营和加盟的转换节奏……080
4.14 "double（双倍、双重）原则"是什么意思……080
4.15 如何创新商业模式或渠道……081
4.16 特许经营战略什么时候做最合适……082
4.17 菜单式选择特许权……083
4.18 缺钱怎么办……083
4.19 "选择决策"模型……084
4.20 企业的发展速度问题……084
4.21 为什么我一直强调特许经营一定要建"体系"……084
4.22 要形许，更要神许……085
4.23 几点结论性的常识……085
4.24 为什么要做PESTN分析……086
4.25 搜索引擎的秘密……086

5 关于手册

5.1 《单店突发事件处理手册》的附件应包括什么 ················089
5.2 手册的阅读者只是特许人、受许人吗 ······················089
5.3 手册只是一个文件吗 ··································089
5.4 编制手册的意义没那么简单 ·····························091
5.5 企业自己开列的特许经营手册名录的问题所在 ···············091

6 加盟商创业者需要了解的知识

6.1 加盟什么样的品牌可以成功创业 ·························095
6.2 你是否适合做加盟商 ··································096
6.3 特许加盟合作中如何处理纠纷 ···························097
6.4 加盟店实地考察，11点必知 ·····························098
6.5 特许经营的加盟商如何保护自身权益 ·····················100
6.6 创业前必须知道的真相 ································101
6.7 创业者的体会 ·······································101

7 对于特许经营的宏观认识

7.1 国内有多少家特许经营企业 ·····························105
7.2 国内做好零售必知23事 ································105
7.3 备案企业大数据给出的启示 ·····························106
7.4 特许经营与工业的相通性 ·······························107

8 特许经营认识误区纠正

8.1 特许经营与连锁经营常见误区 ···························111
8.2 大店小店的采购与进货的标准或依据是面积吗 ···············112
8.3 关于体育特许 ·······································113
8.4 一则模仿我讲特许经营的文章错误 ·······················113
8.5 关于品牌、战略与定位 ································115

9 关于法律法规

- 9.1 国内法院审理特许经营类案件的现象分析·················119
- 9.2 特许经营合同纠纷最常见的类型是哪些·················120
- 9.3 《中华人民共和国电子商务法》的影响面非常大·················120
- 9.4 《上海市消费者权益保护条例》部分内容解读·················120
- 9.5 对特许人的几点提醒·················121
- 9.6 特许经营合同有哪些特点·················121

10 关于人力资源

- 10.1 如何应对"挖角"·················125
- 10.2 个人也需要定位·················125
- 10.3 如何提升领导力和威信·················126
- 10.4 寻找职业经理人很容易犯的两个致命错误·················126

11 加盟商的"管控"

- 11.1 如何避免加盟店私自发放会员卡然后卷款失踪·················129
- 11.2 加盟商的过错导致特许人跟着受害,如何破解·················129
- 11.3 和加盟商沟通采取什么方式更好·················129
- 11.4 加盟商拉条幅或堵在公司门口要求退钱,怎么办·················131
- 11.5 加盟商的问题根源其实是特许人·················131
- 11.6 "控制"加盟商·················133

12 关于国际特许经营

- 12.1 为什么说特许经营是跨国经营的最佳方式之一·················137
- 12.2 关于国际特许经营的几个问题的答案·················137

13 关于招商

- 13.1 加盟后，门店的品牌也可以不一致吗 ··············141
- 13.2 对强烈要求加盟开店的人还需要遴选吗 ··············141
- 13.3 企业到外地招商需要注意什么 ··············142
- 13.4 招商与扩张的小技巧 ··············142
- 13.5 如何选对加盟商的心得 ··············143
- 13.6 如何让招商人员同时推大店和小店 ··············144
- 13.7 如何计算区域加盟商的总加盟金或代理费 ··············144
- 13.8 特许人的招商节奏和直营店、加盟店的分配比例 ··············146
- 13.9 如果加盟商也是一个小型的连锁加盟企业，怎么办 ··············146

14 关于单店

- 14.1 单店投资成本及其回收期 ··············151
- 14.2 比本土化更进一步的"本店化" ··············151
- 14.3 如何设定门店之间的商品价格差 ··············151
- 14.4 如何界定商圈等级或类别 ··············151
- 14.5 选址中的俚语俗话蕴含的道理 ··············152
- 14.6 单店设计8I ··············154

15 关于盈利模式

- 15.1 特许经营体系盈利模式算法 ··············159
- 15.2 总部要不要做加盟，计算一下就知道 ··············159
- 15.3 特许经营费用的9种算法 ··············161
- 15.4 直营和加盟哪个更赚钱 ··············161
- 15.5 盈利模式中"维华三步循环算法"的4点说明 ··············162
- 15.6 单店盈利模式设计包括哪些内容 ··············162
- 15.7 运用"维华盈利模式三轮算法"的注意事项 ··············163
- 15.8 样板店的盈利靠人脉所致，能否复制或做特许加盟 ··············164

15.9　我为什么花费心血研究盈利模式 ·················· 164

16　关于特许经营的未来畅想

　　16.1　未来的实体店是什么样子 ······················· 169
　　16.2　"盟主"也会加盟的新趋势 ······················ 170
　　16.3　行业中介超市逐渐火热 ························· 170
　　16.4　实体店与网店趋于融合与一体化 ················· 170
　　16.5　未来，商业到底该如何走 ······················· 170
　　16.6　为什么第一、第二产业要做特许经营 ············· 171
　　16.7　国内的实体店该往哪里走 ······················· 171
　　16.8　越来越多的企业走上"大特许"之路 ············· 172
　　16.9　轻食的流行给我们的启示 ······················· 172
　　16.10　关于今天与未来商业成败的思考 ················ 173
　　16.11　特许经营界的新鲜名词，你知道几个 ············ 174

17　关于顾问咨询

　　17.1　顾问咨询应是治"未病" ························ 179
　　17.2　我为什么不直接改，而是让客户改 ··············· 179
　　17.3　如何百倍提升企业自我内部诊断的效果 ··········· 180
　　17.4　14个月的工作两个月完成，原因何在 ············ 181
　　17.5　顾问咨询不能只因钱而合作 ····················· 183
　　17.6　如何高效地做战略与策划 ······················· 183
　　17.7　顾问咨询误区 ································· 183
　　17.8　顾问咨询的团队组成也有学问 ··················· 184
　　17.9　小顾问咨询公司的组织架构也要按照大公司的标准设计 ······ 185

18　关于思维和智慧

　　18.1　MMA格斗与太极之争给企业的启示 ·············· 189

18.2 知识有领域、专业之分，但智慧无所限 189
18.3 "一抄、二仿、三创新"的真正含义 189
18.4 功夫与特许经营可相互借鉴 190
18.5 "剪枝蔓，立主脑"与特许经营3S的"简单化"异曲同工 190
18.6 一分学，二分练，七分靠领悟 192

19 随想

19.1 关于执行力、"犁地"等管理问题 195
19.2 塑造企业文化的两种主要方式 195
19.3 产品定价的方法 196
19.4 什么样的案例才能入选我的系列特许经营教材 198
19.5 研究者的最重要品质之一是客观 198
19.6 科研不容易，特许经营的科研更不容易 199
19.7 真诚感谢3类人：客户、学生（学员）、搅局者 199
19.8 和几个企业家聊天后的几点体会 201
19.9 平等、互相尊重的合作才会成功，乞求来的合作必败无疑 202
19.10 做商业计划书的思维 202
19.11 学习是一门技术，也是一门艺术 203
19.12 提升自己专业知识和技能的几个诀窍 204
19.13 方法和知识一样重要，或更重要 206
19.14 对信息的"强迫利用、规避"很重要 207
19.15 学习能力很重要 207
19.16 情怀与商业模式 208
19.17 众筹，一个工具而已 208
19.18 对于一家企业而言，什么最重要 208

1

值得借鉴的成功做法

1.1 宜家2020财年销售业绩稳定原因探究

2020年10月6日，瑞典家具巨头宜家公布了截至2020年8月31日的2020财年全年业绩数据：宜家全球445家门店及电商总销售额（包含产品销售和面向宜家顾客的服务收入）达到396亿欧元，相比去年同期的413亿欧元微跌4%。

疫情下的宜家究竟用了什么魔法使得销售业务基本保持稳定呢？

1.继续开设实体店。2020财年，宜家共开设了33家新门店，门店总客流量达8.25亿人次。

2.缩小门店面积，从郊区进入市中心。门店选址策略改变，从传统的大型郊外仓储式门店转向重点开设较小面积的市中心门店，比如宜家2021财年计划开设的50家门店大部分都是位于市中心的小型门店。在中国上海，静安城市店的面积只有约3000平方米，只有常规宜家商场的十分之一左右；市中心的订货中心面积不到2000平方米；宜家设计工作室的面积是500~1000平方米，甚至在伦敦开设的仅为消费者提供家居设计咨询服务的设计工作室只有50平方米。

3.发展电商。疫情期间的宜家电商增长了45%，已经占到其零售总额的15%，宜家网页访问人次达到创纪录的40亿人次。有的加盟商网上销售额飙升60%，占其总营业额的18%。在中国，除了官方购物App、微信小程序外，宜家产品首次在第三方在线平台上销售，进驻天猫网上商城。

4.把门店变成"提货中心"。宜家将其门店改造成提货中心，在店内设置货物自提区，在新的地点推出"点击提货"服务，并提供免下车提货服务。

5.增加虚拟体验科技。比如，宜家收购了一家专注于AI及AR技术的美国初创公司Geomagical Labs，该公司的成像技术可以让消费者通过3D图像为自己的住宅进行虚拟装修和装饰，帮助客户更直观地感受家具产品的摆放效果，从而增进销售业绩。

6.增加服务。为响应顾客对于厨房改造的市场需求，宜家尝试在门店里设立厨房规划工作室并提供送货、家具组装和家具租赁等服务。

7. 加强安全防护。宜家努力通过包括消毒、通风、测温及无接触支付等方式尽力保障所有员工和顾客的安全。

8. 快闪店的营销手段。比如，宜家商场尚未正式进入中国福州市，但其宜家家居快闪体验中心已经向公众开放，为商场门店的开业预热。在快闪店内，消费者可以参观家居展间及参与互动打卡活动，还能现场体验全屋设计咨询和预约服务。

9. 全球化的收益。疫情期间，中国的疫情控制非常不错且经济恢复持续增长。因此，进入中国的外资企业获得了实实在在的好处。比如，宜家中国2021财年媒体发布会透露，在中国市场，2019财年由英格卡中国经营的28家宜家商场共接待了1.08亿人次的访客，销售额共计157.7亿元。

10. 降价。在2021财年启动会上，宜家宣称：将持续探索线上线下全渠道销售模式，并将在中国的上海、福州、南宁、昆明及大湾区开设新店。此外，宜家将对250款产品实行更低价格的降价策略，降价产品占整个SKU的5%左右，投入2亿元让利消费者。

11. 餐饮聚客。宜家号称是世界上的第六大餐饮集团，事实上，宜家也一直以餐饮作为"聚客""吸客"的元素，其在中国的1元的冰激凌、5元免费续杯的咖啡及招牌肉圆等确实吸引了不少顾客。鉴于餐饮的受欢迎程度，宜家甚至计划单独开设连锁的餐饮店。

12. 大量的小零碎商品。在宜家门店内的过道、楼梯等地方随处可见的有数千种便宜的小商品，顾客在逛店或经过时往往会随手买上几件。

13.《家居指南》。1951年，宜家开始编制《家居指南》。据说，这本产品目录的印刷数量冠绝全球。

1.2　航空公司寻求特许经营之路自救

疫情中，受影响最严重的领域之一就是航空业。为了"活下去"，各大航空公司开始了各种各样的自救活动。其中，泰航的特许经营引人瞩目。

据百家号"河北日报"的文章《突然宣布全面停飞！这个行业或有4600万人失业》报道，泰航充分利用航空厨房的优势，大力开发新餐饮产品"泰航油条配紫薯羹"，深受消费者喜爱，甚至有人清晨5点就排队购买。"泰航油条之所以深受大家喜爱，是因为发酵面粉的配方与众不同，并在热油中炸至饱满、金黄、酥香，搭配特制的紫薯羹营养又美味，每份油条+紫薯羹套餐售价50泰铢，里面有3个油条和1小杯紫薯羹；如果搭配炼乳，则是30泰铢/份。"为了进一步扩大销售，泰航正计划通过特许经营、制定加盟计划以扩展油条业务。目前，泰航在曼谷和清迈已经拥有了7个分支机构销售油条，曼谷有5个、清迈有2个。

泰航的行动无疑给所有疫情中受影响的企业一个重要的启示，那就是：充分利用你现在既有的核心资源，通过特许经营的方式迅速获得可观的财富。

1.3 从周黑鸭谈起做企业的四句有序"真经"

媒体报道周黑鸭将落实推进六大发展战略，分别为：加快特许经营业务发展，优化自营门店网络；拓展新零售商超渠道；专注新产品研发；升级产品包装；优化供应链管理；扩大股权激励范围。

周黑鸭的六大发展战略很明显地暴露出不只是周黑鸭一家，而是大多数企业在经营中都常见的问题：想把企业做好，却又不知道从哪里、按照什么顺序、如何不遗漏地开始。正因为如此，我才在我提出的"成功构建特许经营体系五步法"中把"五步法"里第一步的战略详细而无遗漏地按照逻辑、职能、思维、轻重缓急、前后工序及法、商、德、情等顺序反复调整，最后排列出来，其中包括总部的32项、单店的18项战略要点、原则和方向。企业只需要按照步骤并结合一系列的"维华模型""维华算法"或"维华公式"等一步一步地照做，就可以十分清晰、轻松、精准、科学、完整制定出发展战略。在企业日后的发展过程中，应该从哪些方面去完善和升级、突破？全部都在这个总部的32项、单店的18项战略要点、原则和方向里，企业需要做的就是每天检视、思考、优化和实施之。简单来讲，企业发展的最重要的原则就是我经常讲的做企业的四句有序"真经"，即：产品是根，模式是翅膀，品牌是对象和工具，人才是中心。

周黑鸭的六大发展战略和我的四句有序"真经"是有一一对应关系的，如下所述。

1.产品：专注新产品研发，升级产品包装。

2.模式：加快特许经营业务发展，优化自营门店网络；拓展新零售商超渠道；优化供应链管理。

3.品牌：加快特许经营业务发展。

4.人才：扩大股权激励范围。

从上面的内容可以看出：按照重要性，周黑鸭目前把模式放在了第一位，其次是产品。这种实施战略的顺序是有问题的，因为周黑鸭把本来居于第一位的产品放在了第二位。事实上，除了新产品和包装之外，周黑鸭目前的问题在于产品的零售价格高、原材料进价高、品类单一、口味不丰富等消费者反映的较为集中的问题。如果产品差了，你再努力营销，也终难逃昙花一现、尘归尘土归土的结果。消费者短期消费某种产品或服务可能是因为企业的品牌、环境、服务、广告、促销等要素，但消费者能否持续地消费某种产品或服务一定取决于产品或服务本身。仔细想想那些成功的企业和失败的企业，无一例外。

无论如何，周黑鸭比以前还是大有进步的，至少模式的重要性已经被周黑鸭的高管们充分认识到了，所以才有周黑鸭对于直营模式的痛定思痛的反思，才有其从直营到特许经营、从区域加盟到单店加盟、加盟费用从500万元到30万元、从华东转向全国等特许经营战略战术的不断变化。只是，周黑鸭如果能在战略上按照我的上述方法再优化优化就更好了。否则，在无序的六大战略的引领之下的周黑鸭要想在卤制品市场上占有一席之地，难度还是有的。

1.4 巴比馒头的财富传奇亮点集锦

一家只有不到20家直营店、加盟店超过2800家的最常见的销售包子、稀饭等的公司——中饮巴比食品股份有限公司（以下简称巴比馒头）上市，再次让大家看到了特许经营模式的魅力：再普通或单一的产品（服务），运作恰当的话，都可以通过特许经营的方式创造商业传奇和财富神话。

巴比馒头有哪些值得我们学习和思考的亮点呢？至少下面这些内容是大家应该知道的。

1.商业模式多样化：直营、加盟、团餐这3种形式都有；线上线下同时开启。

2.加盟是主体。在巴比馒头的连锁店网络中，特许经营的主体是加盟店。数据显示，在巴比馒头近3000家门店中，加盟店占比超过99%；直营店始终都是16家左右，而且多年来没有增加。

3.单店模式多样化：门店分为纯外带的街边店、便利店、堂食店等。

4.营业时间：定位是早餐为主，辅助的是午餐和晚餐。

5.产品：从核心产品即包子出发，衍生出馒头、点心、馅料、粥品、饮品等100多种产品，产品又可分为现场可用食品、可带回家保存食品。为了吸引儿童消费者，巴比馒头还开发出了小猪奶黄包、开心红豆包等产品。

6.坚持创业：创始人刘会平曾3次创业失败，但他没有气馁，反而是不断地总结经验教训，终于修成正果。

7.品牌名称很重要：巴比馒头原先叫"刘师傅大包"，不太符合现在的主流消费者（即"80后""90后""00后"的人群）的审美需求，后来果断改名为"巴比"。改名的背后不只是名字的不同，更有企业文化、产品定位、装修风格、企业战略等一系列的改变。

8.全产业链：在连锁店有了一定规模之后，巴比馒头开始向上游延伸，建立研究中心、工厂、中央厨房等，实现研发、生产和销售的一条龙经营，逐步健全产业链。

9.标准化：除了门店形式统一之外，对于加盟店，速冻面点成品和馅料等由总部统一配送；而豆浆、粥类、粽子、糕点、饮品等直接向供应商采购。

10.本地化。其实，刘会平一开始做的包子店是完全失败的。后来，刘会平开始做市场调研，采用调整口味、延聘当地师傅等方式，成功地实现了产品本地化的战略目标并一举打开了市场。

11.上市招募的资金用途。招股书资料显示，巴比馒头此次IPO计划募资9.5亿元，将主要用于巴比食品智能化厂房、生产线及仓储系统提升、直营网络建设、食品研发中心和检测中心建设、品牌推广、信息化建设、电商平台建设和补充流动资金等八大方面。

12.新媒体广告的大投入。在巴比馒头未来3年总计6000万元的广告投放计划中，70%（即4200万元）的费用投向包括微信、微博、"网红"KOL、社交网站等在内的新媒体渠道；21.67%(即1300万元)的费用投放到包括机场、高铁、地铁、公交站台、杂志、报纸媒体、CBD、社区广告、电梯广告等在内的平面及户外广告；此外，主题营销、产品发布会等活动还有500万元的预算。但是，其在电视上的广告预算费用为零。

13.品质。为了保证产品质量，刘会平喜欢选"大牌"的原材料，比如中盐的食盐、海天的草菇老抽、三花植脂淡奶、号称"上海第一肉"的"爱森肉"等。即便是外购的产品，刘会平也更热爱"大牌"，比如外采的粽子是五芳斋的、盒装饮品是光明的等。虽然这些"大牌"的价格贵，但使得巴比馒头的产品品质大幅度上升，赢得了消费者的喜爱。除了原材料好之外，巴比馒头的产品的加工工序也做得好，比如青菜从挑选菜叶到做成馅料，要经过分解、浸泡、一次清洗、二次清洗、杀菌、过冷、切粒等七大工序。为了最大限度保证产品的新鲜及口味和口感，门店在总部配送了食材之后，由门店员工现做、现蒸、现卖，全程拒绝速冻。一系列追求品质的行为自然会导致巴比馒头的成本增加，但与因品质提高而增加的销售量和顾客流量而言，成本增加是值得的。

14.人才。为了发展，刘会平挖空心思花高价从麦当劳、福记食品等著名连锁企业"挖角"。

15.平价。与市面上同类产品相比,巴比馒头的价格属于典型的平价产品。比如,其核心产品包子的价格在2元左右,加上粥品或饮品,一个人的早餐只需3～10元就能搞定。

16.门店面积小。巴比馒头的门店面积大都在10～20平方米。这样的面积在选址便利性、房租压力、装修费用等上都非常有利。

17.借势。其实,刘会平搞特许经营还是被骗子给启发出来或者说逼出来的。在他专心于传统的直营店时,有骗子冒充他的品牌招商,被骗的加盟商找刘会平算账,这倒是启发了刘会平。然后,刘会平果断起诉骗子,因此吸引了大批媒体报道这个案件,巴比馒头的品牌就此打响。刘会平趁热打铁,抓住品牌知名度提升的难得机遇迅速开展加盟业务。

18.加盟商续签率不错。根据其财报数据显示,巴比馒头2019年上半年到期应续签门店381家,但有8家未续签,流失率2.1%,高于2018年的1.22%和2017年的1.68%。维持在2.1%的加盟商续签率,还是非常不错的,说明巴比馒头的大多数加盟商对其特许经营体系比较满意。

巴比馒头也有不好的方面,大家应该引以为戒。

1.加盟店"死亡率"过高。红星新闻记者袁野、吴丹若的一篇报道显示:2017年、2018年,巴比馒头分别增加加盟门店430家、527家,但同期退出的加盟门店分别达到173家、217家。2019年上半年,巴比馒头新增加盟店300家,加盟店减少157家。加盟店的"死亡率"最高竟然超过了50%。不管是什么原因,过高的加盟店"死亡率"说明巴比馒头的特许经营体系肯定是不健全的。

2.区域性而非全国性连锁。巴比馒头的覆盖区域主要在华东,并没有在全国范围内铺设网点。其招股书资料显示,总营业收入中有91.98%来自华东地区,6.82%来自华南地区,华北地区仅占1%,其他地区仅有0.2%。包括区域性市场风险、扩展规模有上限、知名度不高、消费者体验性不全面等在内的区域性连锁的弊端会影响巴比馒头的可持续性发展。

3. 人才流失严重。巴比馒头的招股书资料显示，2016年、2017年、2018年和2019年上半年，其直营店的店长流失率分别为41.67%、30.77%、23.81%和26.32%，店长的流失率长期处于较高水平；同期的员工流失率分别为31.93%、28.85%、31.7%和17.59%，也同样处于较高的水平。

4. 家族味道浓厚。巴比馒头的创始人夫妇（即刘会平、丁仕梅）直接和间接控股80%多；在其余股东中，丁仕霞为丁仕梅姐妹，金汪明为公司监事会主席，而吕小平则是金汪明的配偶。所以，总体而言，巴比馒头的"家族经营"的味道十分浓厚，多家媒体也因此称之为"夫妻店"企业。家族企业固有的问题处理不好，很容易出现经营不善的情况，真功夫、九头鸟等就是先例。

5. 门店形态不足。麦当劳、肯德基等已经开始采用手推车、移动早餐点等形式去占领更大的市场了，而巴比馒头在这方面的动作依旧欠缺，依旧停留在水泥钢筋的传统实体店里。

6. 面临多种多样的竞争者。这些竞争者包括推出低价和24小时服务的外资快餐品牌，各地的早餐固定摊贩和流动摊贩，开始布局早餐和点心食品、饮品的便利店，等等。面对众多竞争者，如果巴比馒头不采用时下主流的商业模式（即我倡导的"特许经营+"时代下的"大特许"模式），很有可能像别的"网红"品牌一样兴也忽焉、亡也忽焉。

1.5 廉价或奢侈，量、价应占一条

古今中外，无论是做廉价品生意的，还是做奢侈品生意的，或者说，无论产品的价格低或高，只要经营得当，经营者都可能成为大商巨贾。

比如，春秋战国时期，被誉为"商祖"的白圭便深受"陶朱公"（即范蠡）的影响，从事的生意是利润很低的粮食与蚕丝；而另一位同样赫赫有名的大商人吕不韦原本从事的则是玉石等奢侈品生意。关于这二者的利润相差多少，西汉刘向的《战国策·秦策》中有一段精彩描述。吕不韦贾于邯郸，

见秦质子异人，归而谓父曰："耕田之利几倍？"曰："十倍。""珠玉之赢几倍？"曰："百倍。"

再如，大家都知道的被誉为"穷人店"的德国奥乐齐的两位创始人与2020年的《福布斯》世界首富——全球顶级奢侈品集团路威酩轩CEO伯纳德·阿尔诺就分别是做廉价品生意、奢侈品生意的典型代表。路威酩轩旗下有多个著名的连锁经营品牌，包括高奢时装与护肤及彩妆品牌纪梵希、珠宝品牌蒂芙尼、著名时尚消费品牌迪奥等。

经商的道路和方法千万条，既可以通过薄利多销的方式以廉价产品取胜，也可以以昂贵的奢侈品的高利润攫取方式取胜。但是，无论如何，必须至少在量与价上占一条，或者说极可能只能占一条。

1.6　投资周黑鸭，天图10年赚取7亿元

天图投资，一个投资了周黑鸭、鲍师傅糕点、德州扒鸡、八马茶业、奈雪的茶等特许经营、连锁经营企业的专业股权投资公司。

早在2010年和2012年，天图投资两次投资周黑鸭，共计投资8800万元，占股11.76%。2016年11月11日，周黑鸭登陆港交所，总市值150亿港元，天图投资持有近8%的股份，股权价值高达11亿港元。然而，因为周黑鸭的错误战略路线（即坚持直营）导致其迅速落后于绝味，此时的天图投资继续观望，并没有在股权上有明显动作。

机会终于来了。2019年11月18日，周黑鸭宣布启动特许经营模式，特许经营模式的巨大魅力带来的希望让周黑鸭的股价在短短一个多月的时间里迅速上涨50%多。

天图投资抓住时机，果断出手：2020年1月17日，天图投资以每股4.9港元的价格减持周黑鸭6350万股；2020年5月22日，天图投资再度在场外以每股均价3.8港元的价格减持周黑鸭1.02亿股。

两次减持周黑鸭之后，天图投资的持股比例从7.67%降至0.73%，接近于

完全清仓。此时，也就是距离第一次投资周黑鸭10年之后，天图投资10年赚了7亿元。

1.7 伟大的背后往往是无心插柳

很多专家学者解读企业经营管理案例时往往充满了科幻片般的想象力，但若不了解历史真相，解读可能会成为一个笑话。

比如，沃尔玛是典型的农村包围城市战略：先在人口不足3000人的小镇上开店，成功后再复制到别的小镇上。当小镇上密密麻麻布满了沃尔玛后，其品牌、影响力、实力也足够大了，然后进入大中城市开店。山姆·沃尔顿一开始就有这么好的战略眼光吗？答案当然是否定的。山姆·沃尔顿一开始把店开在小镇只是因为他的妻子不愿意在人口超过万人的镇上生活。他没办法，只能在家门口开店谋生。

类似的例子非常多。

麦当劳兄弟俩一开始并没有定位于做汉堡，只是其烧烤与热狗生意不好，才转做汉堡的。

赛百味并不是没有直营店，当其创始人还是情窦初开的青年就已经开创了直营店并经营多年，只是后来觉得直营不好，转做加盟店了。

宜家的坎普拉德并没有刻意创立家居仓储式售卖模式，只是因为顾客太多而员工不够用，干脆就让顾客进入仓库自己挑选商品。

屈臣氏这个品牌其实是一个外国人创立的。

真正把周大福做起来的是创始人的女婿。

7-11的创始人是一个"富二代"，他的父亲是华堂的大股东。

蒂凡尼的第一批稀世珠宝是从落魄皇族手里收购的。

肯德基的桑德拉最初并不是要专注于做炸鸡生意的，他一开始只是想用美味的炸鸡服务满足其加油站的客人的需求并吸引过往车辆前来加油。

…………

1.8 我们可以向哈根达斯学什么

虽然有些后来者为了自己的利益，总喜欢说前人老了，但即便是那些曾经的辉煌也值得我们反复咀嚼与学习，更何况，"老人"未必不能散发第二春、第三春……所以，哈根达斯仍然有很多值得后来者学习的地方。

1.时尚、年轻。哈根达斯从其诞生之日起就一直把时尚作为自己的品牌主打理念之一，迄今依然如此。比如，我们可以从其代言人上小窥一斑：2018年，哈根达斯的代言人还是迪丽热巴；2019年，代言人就换成了更年轻的刘昊然。此外，在"网红"、动漫等年轻轨迹浓厚的IP经营上，哈根达斯也丝毫不比时下的"后浪"差。

2.定价策略。即便在海外有些国家，哈根达斯也被誉为冰激凌中的LV、劳斯莱斯，其意之一指的就是其价格的昂贵。在中国，哈根达斯更是被打造成了一款奢侈品，利润丰厚。当然，现在的哈根达斯已经意识到时过境迁了，所以，哈根达斯也开始频频打折了。从先期的高价撇脂战略到如今的平民化价格定位，其实都是深思熟虑后的价格策略。

3.产品是根。哈根达斯从其创始人的创业动念起，就紧紧抓住我一直强调的企业四大要素之首——"产品是根"这个理念。比如，他们一直强调原材料的纯天然、地理标志原材料的全球采购、每个地区的名特产、纯进口，强调产品里去除了色素、防腐剂、添加剂等。这些理念即便在当下也毫不过时，因为当下的人们更加注重健康理念。

4.充分打造体验感。在国外，哈根达斯虽然会在商超里出售，也会在航班上赠送，走了一些快速消费品路线。在中国，哈根达斯的战略或主战略是大规模开设实体店，他们也意图打造类似星巴克那样的第三空间，用超级的体验传播品牌感知、企业文化。实体店的黄金地段的房租、人工、保鲜的物流配送等居高不下的成本费用，是哈根达斯在中国的售价明显偏高的原因之一。

5.擅长营销。正如同所有成功的企业一样，哈根达斯也非常擅长营销。

其花样繁多的活动、派对及时下最流行的小红书、百家号等，到处都能看得到哈根达斯在线下、线上"种草"的身影。

6.讲故事。因为哈根达斯针对的主要消费者是年轻人，所以，哈根达斯的故事就主打年轻人最喜欢和最容易被打动的故事主题：爱情。"爱她，就请她吃哈根达斯"，这个暗示性、引诱性甚至有点强迫性的故事主题，其营销的力量和卖钻石的高喊"爱情恒久远，一颗永流传"一样，皆在通过打动一方来促使另一方消费。当然，随着时代的发展，现在的哈根达斯的年轻人故事主题又改成了"Everyday made extraordinary"，这个故事就直奔消费者本尊，让如今更强调独立、个性甚至有点"任性"的消费者自己为自己消费。

…………

当然，哈根达斯也并不是完美无瑕，也存在不少问题，比如其在中国的高昂定价与海外有些国家的低定价相差太大，以至于这个差价屡被诟病；比如哈根达斯的不少食品安全问题的被曝光；比如产品更新速度不够快；比如爆款产品减少；等等。然而，瑕不掩瑜，哈根达斯还是有很多地方值得我们学习。

1.9　一颗枣卖到每年60亿元，还卖成了上市公司

毫无疑问，河南的好想你健康食品股份有限公司（以下简称好想你）是一个奇迹，而且，它不但是农业领域的奇迹，也是单项农产品的奇迹，也是特许经营的奇迹，也是经济欠发达城市大品牌的奇迹，也是农民白手起家创造一片天地的奇迹，也是扶贫的奇迹……

好想你的成功之路确实能给我们很多启示，如下所述。

1.单品如何开店？其实，现在很多人都在纠结一个问题，比如一个人只有一项技术、一个专利、一个配方、一个产品等单品的时候，总是犯愁：……一个单品如何陈列才能充满一家店呢？好想你就给出了一个不错的思路：单品多类。单品多类的意思就是，虽然只是一个单品枣，但通过对产品本身的

特性的研究并加以区分，就可以造出数十种、数百种、数千种产品。比如，好想你把枣造成了枣干、枣面、枣茶、枣夹核桃、红枣粥、红枣汤、红枣果饮等200多个不同形式、不同内容、不同档次的产品。这些系列产品足以不重复地摆满30平方米以上的门店空间，开一家店足够了。具体的单品如何开店的更多更全的商业模式参见本书另外的单独章节的内容。

2.主品之外一定要有辅助品。就如同阿胶、燕窝等许多流行一时的单品一样，单品通常都会有一个生命周期或流行热期，如3年时间。一旦过了这个流行期之后，单品的销售量就会迅速下滑，因为消费者会审美疲劳。更何况，农产品本身就有独特的淡旺季特性。好想你的"枣"概念系列自然也有生命周期，所以，在枣之外，好想你已经或应该增加一些辅助商品，比如其余水果甚至非水果类等食品，以延续"枣"概念的流行热期。

3.产品的升级换代。每个年代的主流消费者都有其对于产品的独特消费要求，商家只有顺应这种变化去与时俱进地升级换代产品才能规避产品生命周期的低谷阶段并创造持续不断的产品新生命周期。好想你的产品就是随着时代的发展不断地升级换代，其变化路径值得大家思考：第一代产品，礼品；第二代产品，休闲零食；第三代产品，健康食品；第四代产品，深加工科技产品，比如"黑"科技下的锁鲜冻干类产品、高度提纯后的保健品等。

4."大特许"的模式。必须承认的事实是：好想你的成功或创业初期的基础是典型的特许经营的商业模式。然而，随着时代的发展，好想你的模式也在与时俱进地升级成了我一直强调的超越了新零售、全渠道、智慧零售、无界零售等的更高级、更全面、更科学的形式，即"大特许"。比如在销售渠道上，好想你采用的方式包括线上店铺、线上平台、线下特许经营连锁店、商超KA店、各地分公司、直播带货等，覆盖了众多潜在消费者可能的触达企业的入口。

5.盈利模式。在我最新出版的大学教材中，其中一个盈利模式的设计原则就是企业必须学会资本金融的运作手段，在主营业务和营业收入之外，一定要实施的就是投资收入。此处仅举好想你一个颇具争议的事件：好想你2020年5月以7.05亿美元（约49.6亿元）的价格出售了几年前以9.62亿元收购的杭州郝姆斯食品有限公司（百草味的母公司）。虽然舆论上对此争议很大，但任何人都不能否认的事实就是：好想你此项投资收益为几年内净赚40亿元，收益率400%。

6.红枣期货。农产品几乎都有一个经济学上经常讲的现象，那就是价格波动明显，以及由此导致的农民决定种植与否的产量很难预期的现象，前几年曾经出现的"蒜你狠"等就是典型的例子。这种价格和产量波动的现象就使得把农产品作为原材料的公司的风险拉高，还有可能导致库存的费用不可控、产品质量难以保证等问题出现。好想你在业内首创了红枣期货，这就大大降低了公司的风险及成本费用；同时间接地保护了农民的利益，提升了行业整体的抗风险能力与产品的整体质量等。

7.现代管理方式。好想你其实一直都是热衷和擅长学习的，好想你曾经组织过十几位核心人员参加过"维华商创"举办的国内较为高端的特许经营特训营。因为学习，所以，好想你在管理上也很超前。比如，好想你施行的轮值总经理制度就是一例。

8.文化。对企业和铸造品牌而言，产品只是初级阶段，文化才是更高级的阶段。显然，好想你就把8000年历史的枣文化做得风生水起：古典的打枣仪式和祭祖仪式结合在一起，把枣的种植和观光旅游结合在一起，创立枣的文化节，把枣和中医等传统文化结合在一起，打造中国枣乡，等等。

…………

当然，好想你也存在着不少值得思考的问题，包括卖掉百草味这个电商平台是否合适及如何接续电商业务，轻视连锁专卖店的作用，在消费者多样化需求的当下聚焦于"红枣+"计划，不同渠道及不同模式下的利益冲突，实体门店的盈利模式再设计与升级，特许经营模式的重构，上下游多元化延伸导致的重资产，等等。

1.10　一个毛线球卖8万元靠的是什么

研究了一晚上有着180多年历史的世界著名珠宝奢侈品连锁品牌蒂芙尼，颇有心得。蒂芙尼虽然只有300多家门店，但其年营业收入达300多亿元，仅在纽约第五大道的那家4000多平方米的单店，年营业收入就达到30亿元。相比较而言，拥有近4000家门店的具有170多年历史的老凤祥的年营业收入不过是500亿元。单店年营业收入比较，蒂芙尼是老凤祥的8倍。至于产品的毛利率，以宝石为主的蒂芙尼肯定要比以黄金为主的老凤祥高得多。

为什么蒂芙尼的一个毛线球可以卖到8万元？为什么那么多人疯狂地迷恋于蒂芙尼蓝？为什么蒂芙尼会被路威酩轩以162亿美元的天价收购？为什么那么多明星名媛政要皇室都喜欢蒂芙尼？蒂芙尼的成功之处值得我们品味与学习。

1.悠久的历史。时光本身就是一种超级的品牌力，比如老字号。类似于珠宝类的企业，品牌价值与时间成正相关关系。为了显示其悠久的历史，蒂芙尼进入中国市场的最大动作之一就是在上海举办了其全球历史上规模最大的珠宝展览，大批的稀世珍宝、古董级的藏品等亮相展会。

2.经典产品的光环。比如号称钻石之王的黄钻、T型经典系列、六爪镶嵌钻石的创意等，都通过蒂芙尼的不断宣传而为世人尽知。正如全聚德的烤鸭、同仁堂的安宫牛黄丸、麦当劳的汉堡、宜家的平板家具、克丽缇娜的氨基酸护肤品等一样，没有几件可以炫耀于世、载入史册的镇店之宝，你的生意就会一下子平淡很多。

3.借助明星名媛政要皇室的名声。从创始人收购流亡的法国皇室的珠宝开始，到后面一直邀请时下最流行的明星、名人、"网红"等代言，蒂芙尼传递给社会大众的品牌形象一直都是高贵、身份、地位、精致、优雅、潮流等，而这些标签显然都是蒂芙尼的最主要消费者（即女性）最为钟爱的。事实上，奥黛丽·赫本的电影《蒂芙尼的早餐》正是拉开蒂芙尼繁荣大幕的一个历史性节点，奥黛丽·赫本成了蒂芙尼史上第一个"带货王"。

4.准确地把握线上、线下的关系。因为是奢侈品,所以蒂芙尼必须保持适度的高冷,其线上的生意就不能简单地模仿大众商品,更不能轻易地就在电商平台上开卖。蒂芙尼目前在中国的市场策略非常清晰,重点强调线下的体验,把线下实体店作为主模式或主渠道;对于线上模式或线上渠道,按照蒂芙尼CEO自己的说法,仅是作为品牌传播的工具而非直接销售的主要渠道。

5.直采的品质保证与成本优势。蒂芙尼直接开采或购买原矿,然后依靠其5000名工匠进行加工,如此从源头抓起的供应链,就使得蒂芙尼在保证货真的同时,大大降低了如从其余珠宝加工商那里采购成品之类方式下的成本。

6.凶狠的实体店。虽然具有180多年的历史,然而,迄今为止,蒂芙尼的全球门店也不过300余家。如此缓慢的门店扩张速度背后的原因除了宝石的供应量和加工时间等限制之外,更多的是蒂芙尼对于开店的精挑细选下的严苛标准和高投入。比如,蒂芙尼在纽约第五大道的那家店竟然要花费2亿多美元进行重新装修,此举足以看到蒂芙尼对于实体店的重视程度,简直到了令人发指的程度。

7.不断地培养设计大师。为了不断地创新、不断地引领饰品时尚,蒂芙尼一直都在积极地引进、培养、激励设计大师团队,尤其是具有国际性时尚和艺术理念的设计师团队,而这正是蒂芙尼最核心的竞争力之一。不同国家、不同民族的饮食服饰等或许不同,但艺术一定有相通的地方,只有国际化的设计大师才能更大概率地保证其产品在全世界畅销无阻。

8.全球化。毫无悬念的,在当今时代,对绝大多数企业而言,全球化是做强做大的途径。蒂芙尼也充分认识到了这一点,尤其是他们准确地判断已经占全球奢侈品市场33%的中国市场未来会成为全球过半奢侈品的消费市场,所以,蒂芙尼毫不犹豫地大举进军中国市场。当然,蒂芙尼也没有放弃其余的国家和地区的市场。

当然,蒂芙尼的商业模式也不是没有缺点。比如,其过分强调设计价值或品牌溢价下的产品高价格会直接导致产品再回收时的价格落差大,即产品的保值性比之老凤祥之类的黄金饰品要差得很多;没有采用加盟的模式而全部依赖直营，这会直接导致企业的规模不能变大、成本提高、风险拉升；"大特许"、线上的商业模式不成熟；单个实体店的投资过重；在主营产品和主营业务之外的其他收入过少；等等。

正如人无完人、金无赤金的道理一样，蒂芙尼也许并不完美，但依然可以给其他企业以很多启示。

1.11 美特斯邦威和森马转型的天壤之别

面对品牌老化和激烈的市场竞争，连锁品牌企业该如何应对？最重要的就是准确判断形势，做好发展新战略并落实。不然，盲目地跟风或人云亦云的结果就可想而知了。

面对企业连续多年的巨亏，美特斯邦威没有从自身的产品——根子、供应链——生命线及品牌的与时俱进（比如年轻化、时尚化、快速化、轻奢化、功能化、科技化等）等方面改进、纠正，反而认为企业的问题出在了没有融入数字化、新零售的发展趋势上。所以，曾经风靡一时的美特斯邦威为了挽回颓势，连续投入巨大的人力、物力和财力去搞电商平台邦购网、有范App、冠名互联网综艺节目等，结果全部失败且使得企业的经营更加雪上加霜。

不得不说美特斯邦威是个典型的转型互联网战略失败的例子。从生产特许经营商品及实体店特许经营起家并受益巨大的美特斯邦威应该做的不是否定实体店。或许美特斯邦威忘记了，直至今天它的偶像ZARA、优衣库们依旧是以线下实体店为主，虽然后者的实体店已经是新时代的"点"（详细的"点"知识，请参阅本书相关内容）的概念了。

与美特斯邦威的巨颓截然相反的是其老伙伴森马的杰出表现。

相比美特斯邦威而言，同属温州、同属休闲服装定位但稍后时间起步的森马服饰应对品牌老化的举措值得思考。森马没有一股脑儿地在老品牌和主营业务上发力，也没有把互联网、数字化作为最主力的转型阵地；相反，森马转型去创立新品牌：重点做儿童服装品牌巴拉巴拉，且大力采用特许经营的方式。数据显示，2018年，儿童服装的营业收入已经占了森马总营业收入的56.14%；2019年年初，巴拉巴拉已经在全国拥有超过5000家门店，连续5次蝉联"天猫双11"活动母婴行业第一名。

2018年，美特斯邦威刚刚度过巨亏期，盈利4000多万元；而森马盈利17亿元。

2019年的半年财报显示，美特斯邦威期内营业收入约为27.99亿元，同比下降31.47%；净利润同比暴跌359.61%，约亏损1.38亿元，深交所预计其2019年年度的净利润亏损5亿~10亿元。2019年，森马总营业收入193.58亿元，营业利润21.58亿元，归属于上市公司股东的净利润为15.45亿元。一个亏了许多，一个赚了15亿元，差别就是这么大。

美特斯邦威与森马的转型及转型后的天壤之别，是否能给别的服装企业及别的行业的企业有所启发呢？

1.12　康拉德·希尔顿成功的真正秘诀是什么

研究完关于希尔顿的近百篇资料之后，感慨万千。

诚然，在不同的角度下，人们可以得出希尔顿创始人康拉德·希尔顿成功的各种原因，比如大家认为的希尔顿成功的原因包括特许经营模式、微笑的服务、不断的收购或资本运作、拥抱数字化时代、超级营销手段、多品牌化的细分市场、产品的创意创新、全球化、企业文化、对员工的培训、令人佩服的标准化、精准的选址等。然而，却鲜有人提及早在1999年时我的硕士论文里提到的企业成功的最根本原因之一——人力资本。在一家企业的所有人力资本之中，"企业家"的人力资本至关重要，我当年的硕士论文里也非常清晰地提到人力资本的内容至少包括3类：脑力、体力与品性。

显然，康拉德·希尔顿在"品性"这项人力资本上具有超级的特性与价值。

仔细研读康拉德·希尔顿的创业历史，你会发现几乎所有企业家的人力资本之一——"品性"的表现形式都在他的身上有所体现：商业的天赋，赚钱的欲望，雄霸天下的野心，困境甚至是濒临绝境下的乐观与奋斗，坚持不懈，敢于冒险，自信，魄力等。试想，一无所有时却指着报纸上的地图说将来那些城市都将有自己的酒店的自信，一个只有几万美元的人却要去做收购100万美元的生意，依靠抵押甚至诱惑的"前景大饼"把被收购对象变成自己的投资人，几度濒临破产却顽强地活下来，快速地从五金杂货店转行到银行、石油等行业一直到酒店业，并且做哪行都能热爱和成功背后的学习力……这些事件的背后体现的都是康拉德·希尔顿优秀和超级的人力资本——"品性"。

当你想采用特许经营的方式称霸你的行业领域、区域或实现你的梦想时，千万记住：仅有好的头脑和健康的体魄是远远不够的，你必须强化你的包括品德、性格、意志、气质、兴趣、耐心、坚韧不拔、乐观等"品性"的人力资本。

1.13　黑石依靠特许经营成就史上最赚钱的PE投资

大家可能不知道，被称为史上最赚钱的PE投资是和特许经营连在一起的。

这笔史上最赚钱的PE投资是全球四大PE之一的黑石收购希尔顿之案。黑石在2018年退出希尔顿之后，数据显示，黑石净赚140亿美元。然而，在成为"史上最赚钱的一笔PE投资"及投资界的经典教科书案例之前，黑石差点因为这项投资破产。

2007年，黑石斥资260亿美元杠杆交易收购了希尔顿连锁酒店。这260亿美元的资金来源是黑石集团的60亿美元基金和200亿美元贷款。然而，就在黑石沉浸在狂赚的幻想之中时，席卷全球的金融危机来了。彼时，全球经济一片萧条，酒店业受到沉重打击。据估计，金融危机期间，希尔顿酒店市值蒸发60亿美元，这意味着，黑石集团的60亿美元初始投入全部打了水漂。更可怕与麻烦的是：因为金融危机使得信贷市场几乎冻结，黑石的200亿美元贷款就变成了要逼死人的沉重债务。为这笔交易提供贷款的高盛、美国银行、德意志银行、美林、雷曼兄弟等华尔街投行都对黑石抱怨不已。

黑石的这笔天价收购希尔顿酒店事件一下子从众人羡慕的"黄金收购"沦为满地不屑的"巨赔笑话",几乎人人都认为黑石必定会破产了。

死神已经降临,如何破解?

在大众一致唱衰的危机当口,黑石只能背水一战以求死里逃生了。在当时的严峻情势下,黑石只能仰仗着发展希尔顿酒店,以期迅速回笼资金、改善现金流。然而,因为酒店业衰退,彼时的希尔顿酒店自身根本没有再发展的资金了,希尔顿酒店拥有的最大财富就是"希尔顿"这个品牌及那套管理运营酒店的技术与模式了。绝望之际的黑石苦苦思考,终于,他们发现了救命稻草,即一个秘密的武器——特许经营。

因为特许经营的加盟方式可以使得特许人完全不需要使用自己的资金,只需要将品牌及附于其上的技术、经营模式等现成的资源许可出去,便可立即借助加盟商的资金实现迅速的扩张;同时,特许人还可以立即获得一笔数额可观的加盟金、保证金、培训费等初始费用,以及每月持续获得各酒店收益的固定分成,还能收获因为批量购买再批发给加盟商的装修、设备、材料等"中间差价"……

于是,黑石义无反顾地大力推动希尔顿酒店的特许经营。事实证明,特许经营的模式使得黑石在极少的资金投入下就迅速、持续获得了大量资金,非但黑石自身的资金问题得以解决,因为特许经营业务的大规模开展,希尔顿酒店的经营状况和财务状况也得以迅速和持续地改善。希尔顿酒店不仅熬过了金融危机,还成功地迈向了IPO,这为希尔顿日后成为全球酒店业数一数二的大集团奠定了雄厚的基础。在大规模特许经营开展之后,希尔顿酒店得以迅速发展,遍布全球。

2013年12月,希尔顿酒店以每股20美元的价格在纽约证券交易所成功上市,筹资23亿美元,成为酒店行业有史以来规模最大的IPO。作为希尔顿特许经营模式的背后推手,黑石的收益自然水涨船高,赚得盘满钵满:希尔顿酒店上市首日股价一度大涨超过8%，黑石集团因此收获超过85亿美元的账面利润，成为有史以来利润最丰厚的一笔收购案，震惊全球！

说特许经营拯救、成就了黑石与希尔顿酒店，一点也不为过。

1.14 国内汽车后市场该向何处去

国内每个车主都有非常明显的感受，那就是买车容易养车难，修车更难。为什么？在质保期，你被"逼"着去4S店，而每一个站在4S店里的车主，都像一只只待宰的羔羊，你在他们的必须原厂配件及"循循善诱"的技术分析话术和行车安全的恐吓声中完全地丧失了反抗意愿。当然，你也没有反抗能力。如果去其他的维修保养店铺，你的心里肯定也不踏实，虽然价格便宜，但质量……这些畸形的消费形态已经严重地影响了中国汽车业的发展及车主们的幸福生活满意度，亟需改变。

中国汽车后市场的发展程度与发达国家相比有一定的差距。比如在集中度上，美国汽车后市场四大巨头AutoZone、Advance Auto Parts（AAP）、O'Reilly、NAPA在汽配零售与维修市场占了30%多的市场份额，每家公司的年营业收入都超过或接近于100亿美元，连锁门店在6000家左右，市值超过1000亿元，是上市公司。反观国内，我们没有超过5000家门店的连锁体系，我们的汽车后市场前十强的总市场份额都没有达到5%，至于上市公司就更是梦想了。然而，中国的汽车总保有量居于世界前列且还在迅猛增加，中国是世界上最大的汽配生产国，中国汽车后市场的"蛋糕"过万亿元，上路汽车的车龄在逐年上升……这些都为中国汽车后市场的发展奠定了雄厚的基础，时代和市场都在呼唤着中国汽车后市场的规范及行业巨头的出现。

为了国内汽车产业的健康发展及更好地服务日渐增多的广大车主，国内的汽车后市场需要向发达国家的企业学习，比如以下这些方面（当然，这些方面对于吃穿住行玩等别的领域、别的行业的连锁企业同样具有借鉴意义）。

1.要做出规模，必须大力发展连锁，尤其是特许经营模式。这样做的目的既是为了更方便地服务消费者，也是为了企业能具备规模优势。很显然，只有规模优势，汽车后市场企业才能在上游采购时有足够的发言权，从而降低零配件的进货和终端销售价格、提升门店毛利率、发展自有品牌。

像AutoZone这样的连锁企业，因为其拥有在多个国家的几千家门店，巨大体量就可以让上游的零配厂商高度重视，所以，AutoZone才能因为规模获得很多巨大的好处。比如，AutoZone对上游厂商实施一定的结账期。数据显示，AutoZone有40亿美元的"赊账"，几乎和其库存货品价值相等，这大大改善了AutoZone的现金流和存货管理。

美国汽车后市场四大巨头，谁的规模最大？当然是采用特许经营的NAPA而非直营为主的AutoZone。截至2019年第一季度，NAPA共有门店6747家，其中直营门店1318家，加盟店5429家，加盟店占比为80.5%。

2.低价。AutoZone一开始就学习沃尔玛的模式，在保证质量的前提下，为消费者提供"天天低价"的商品，而低价才是良性的汽车后市场未来的发展趋势和社会发展的必然结果。

3.强大的供应链管理。比如，AutoZone会采购不同的供应商产品以防对某些供应商过度依赖。数据显示，AutoZone只有极个别的供应商的同类零配件占同类销售额的10%这么高的比值，绝大多数都占比非常低，没有谁能稍微左右或影响AutoZone的供应链。如此，每家供应商都有随时被抛弃的压力，自然就会努力提升产品的质量并降低产品的价格。

AutoZone会构建强大的物流配送体系，比如其门店分为中心仓、大中心店、中心店和卫星店（类似于便利店性质的就在消费者家旁边的门店）等4类，按照现在流行的说法，类似于后置大仓库搭配前置仓的形式。4类门店的商品SKU、面积等会逐渐减少，上一级店负责对下一级店的产品配送工作，这就保证了每个区域内的产品的快速配送、低配送成本和科学的调货。

4.立法禁止整车厂和4S店的垄断。美国以立法的形式，包括《谢尔曼法》《克莱顿法》《联邦贸易委员会法》《联邦汽车经销商特许经营法》《汽车可维修法案》《马格努森-莫斯保修法》等，禁止整车制造厂和4S店的垄断，比如禁止卖车或质保时以原厂配件为条件，禁止4S店对于更换了非原厂配件的汽车拒绝维修或质保，要求汽车制造商公开维修技术信息等。这些立法大大促进了大量的独立汽车零配件厂商、汽车后市场的维修保养店的兴起及整个汽车后市场的质量提升与价格下降，同时让消费者的维修保养费用大大降低及方便度大大提升。

5.线下为主、线上为辅。美国汽车后市场，早期的DIY（Do It Yourself，自己购买，自己安装使用）模式比较流行，像AutoZone类的连锁企业的DIY销售占比曾经超过80%。然而，数据显示，随着汽车零部件越来越复杂，AAP之类的连锁企业的主要业务DIFM（Do It For Me，自己购买，商家替你安装、维护等）逐渐风行。显然，当越来越多的车主选择DIFM的时候，线下门店在汽车零部件零售及维修养护等方面就是决定业务成败与大小的重要因素。即便是线上巨头，也必须得借助线下门店才能完成业务。

6.市场细分。特许人还可以根据不同的产品来设计不同的门店，比如NAPA的维修连锁店包括事故车维修中心和快修养护店，而大部分快修养护店并没有标准的模式，仅提供单一的服务，如专门维护制动系统、冷却系统、转向/悬挂系统等。

7.增加SKU。比如NAPA之类的连锁体系，其SKU动辄就是几十万、上百万，几乎涵盖了所有的易损件、标准件和全车件，涵盖了所有汽车类型的零部件的95%以上。只有如此丰富的品类才能够吸引B类维修店们与它们建立长期的战略合作关系甚至加盟其中。

1.15 周大福、海澜之家异曲同工

在特许经营的实践之中，特许人经常遇到以下两件左右为难的事情。

1.生意好坏不同的门店之间允许调货吗？作为特许人，如果允许受许人调货，则受许人的经营压力和动力就会不足，门店业绩可能下降；如果不允许受许人调货，这又会变相地逼着受许人为了处理存货而私自降价、减少新

季度的最新款式订货数量从而导致经营恶化的马太负效应、窜货等问题的发生。

2.货品卖不出去的责任到底归谁？如果责任归受许人，则必然会出现上述的情况，受许人为了处理存货的问题而私自降价、减少新季度的最新款式订货数量从而导致经营恶化的马太负效应、窜货等问题的发生；同时，特许人为了财务报表好看及销售出去更多的商品（实际上只是销售给了受许人，并没有销售给消费者），会毅然决然地走上为了开店而开店的不断开店之路并从此把商品卖不动的风险全部压到受许人身上，受许人成了特许人的出货渠道而不是与特许人一起做事业的伙伴。如果责任归特许人，则受许人的经营压力和动力就会不足，门店业绩可能下降，特许人的经营风险急剧上升。

上述两个问题如何解决？

周大福和海澜之家分别给出了两种相同又不同的解决方案，可以给特许人一些启发。

两者的相同之处是虽然特许人供货给受许人，但商品的所有权依旧归特许人。两者的不同之处之一是周大福的总部确认售出的依据是商品真的销售给了消费者，而海澜之家的受许人在商品上自始至终都不需要出一分钱；两者的不同之处之二是周大福的加盟店由受许人经营，而海澜之家的加盟店则由特许人的团队托管。

周大福和海澜之家的具体操作方法如下，请读者细细品味。

周大福采用的"存货拥有权、售出确认"特许经营模式。"存货拥有权、售出确认"是指特许人向受许人收取与指定存货量对等的押金或货品押金后，特许人向受许人发送商品，但特许人保留存货拥有权，直至受许人与零售客户完成销售交易为止；然后，特许人按当时价格确认批发收益。在这种机制下，只有受许人真正把商品销售给最终客户，特许人才能确认收入，这就可以使周大福加盟店的营业收入确认制度与其直营店保持一致，从而使特许人的营业收入确认更加真实，减少因新开加盟店首次铺货而产生的营业收入泡沫，同时减少受许人的销售压力。这样一来，更利于品牌的长久运营，而非依靠新开加盟店谋求虚高业绩增长。

海澜之家的加盟方式是这样的：受许人负责加盟店的实体投资和日常的运营费用，特许人承担门店的运营管理和商品费用。这种方式的优点有很多，比如可以借助特许人的团队，更专业的运营团队使得门店的盈利可能性增大；特许人对于门店的管理和参与性更强，特许人更容易接触与获得一线的终端、市场、消费者状况和数据；受许人只提供部分资金，无须参与门店的实际运营，更省心；因为不承担商品的成本费用，受许人没有销售风险、没有存货压力。但是，这种方式的最大缺点之一就是特许人要承担单店运营不良的责任，比如海澜之家就因为门店商品销售状况不好导致大量的库存，而这些库存的成本属于特许人负责，这就导致了股东和媒体对于海澜之家的高库存风险的诟病。实际上，海澜之家首次冲击IPO失败，就是因为38亿元库存占至总资产的56%——成了上市的拦路虎。

1.16 周大福实施多品牌化的策略

目前，依靠某品牌成功后的特许人有非常明显的多品牌化的趋势，其原因和目的包括最大化地选择多元的潜在加盟商资源、为既有顾客提供更深和更宽的延伸性增值服务、消化供应链或生产厂家的多余生产能力、占领更多的相关市场、阻击竞争者、消化库存等。甚至，有些品牌在一开始运营时就规划了多品牌化的策略。然而，如何给多品牌进行准确定位却是个不折不扣的技术活儿。让我们一起来看看周大福的例子。

在"周大福珠宝"成功之后，周大福就开展了品牌的多元化行动。仅在珠宝领域，周大福就有8个连锁品牌，每个品牌都分别具有和起家品牌差异化的清晰定位。

1.House 1929：高端珠宝品牌。

2.周大福艺堂：定位高端，提供贵宾体验。

3.JEWELRIA周大福荟馆：定位高端，集纳国际珠宝品牌。

4.HEARTS ON FIRE：高端钻石品牌。

5.T MARK：可追溯钻石品牌，侧重婚嫁市场。

6.MONOLOGUE：主打音乐元素，饰品风格更为时尚、新潮，迎合了年轻消费者的个性展示需求。门店规模小而精致，是黑色酷炫的风格，单品售价基本都在2000元以下。

7.SOINLOVE：面向千禧一代的轻奢、时尚产品，恋爱婚恋钻石。门店以粉色浪漫的风格为主。

8.Y时代：面向千禧一代，潮流、时尚的珠宝。

1.17 跨界、联名的成与败

时下，和大IP合作的跨界、联名出品方式正受到越来越多的企业的青睐和群起效仿。像优衣库、ZARA、麦当劳、星巴克等特许经营企业都依靠联名出品的方式大红大赚了好几次。然而，如果只是单纯的模仿而不考虑自己产品的特色，这种在别人家那里是营销、品牌推广、利润提升的撒手锏，到了你这里，可能只是一场空欢喜。

赫赫有名的周大福就曾经在联名上有过大败的经历。

为了抢占年轻市场，周大福曾经大玩跨界，与Hello Kitty、迪士尼松松系列、Teddy Bear、施华洛世奇、红唇魅影、Kakao Friends、We bare bears等主题系列IP项目合作，推出联名首饰。然而，与期待中的大红大紫截然相反的是，有些联名首饰的销售业绩非常一般。有的产品销量只有几十件，还有些产品的销量是0，即便卖得最好的迪士尼系列和LINE FRIENDS系列中的个别产品，其销量最高也才是385件而已。尤其是周大福与可口可乐合作推出的系列瓶盖首饰，虽然价格不菲——单品价格从1398～4598元不等，但销量几乎可以忽略不计。

为什么会出现这种尴尬的情况？其实这是必然的结果。除了产品本身的设计不尽如人意之外，市场调查表明：以"Z世代"为代表的"95后""00

后"等群体的人士对黄金饰品的兴趣度非常低,所以,上述意图推给"Z世代"人群的首饰自然不会受到欢迎。而年龄大一些的潜在顾客又不会消费上述的明显和自己年龄及气质不符的联名首饰。比如,看到一位60多岁的女性戴着一款Hello Kitty的黄金项链时,你不觉得很奇怪吗?

同样是周大福,其另一项活动则收获颇丰。那就是周大福与一些互联网媒体合作,宣传古法黄金工艺的"传承"系列,该活动一度在抖音、小红书、微博、微信等社交工具上刷屏。据网络文章的数据显示,从2019年1月到3月,短短3个月的时间,通过微信公众号发布的有关"古法金"和"古法黄金"的文章多达797篇,总阅读数累计超过62万;截至2019年2月15日,小红书相关笔记3477篇,其中最热门的单品"古法工艺素金手镯"相关笔记201篇。在抖音上的话题量最高已经达到了7000多万。这些社交工具的传播迅速地带动了产品的热销,公司产品平均售价上涨25.5%。2019年年初,古法黄金手镯曾一天卖掉6000件。为什么会这样呢?主要是古法"传承"会勾起人们对民族文化的兴趣,所以,这个古韵、匠心的活动自然就取得了非常大的成功。

由上可见,企业的经营不能只靠单纯的模仿,更应该做的是结合自身产品特色的创新,我一贯提倡的"一抄、二仿、三创新"的奥妙就在于此。

1.18　向ZARA学习什么及规避什么

我们要向ZARA学习什么?

1.快速。天下武功,唯快不破。ZARA的"快"确实是无人能敌的。

ZARA的快速体现在设计、信息获取、生产、物流、销售等几乎所有产业链条方面。为了更快速地抢占市场,他们的远程物流几乎都采用航空运输,他们在地下挖出传送通道,新品在生产出来后的72小时之内可以摆放到全球的所有门店之中,等等。或许,当你今天晚上刚看完电视节目上的时装走秀,明天下午,那款对应的服装就已经陈列在你家门口的门店里了。

2. 时尚。如果只是快速的话，ZARA还称不上快时尚的代表，ZARA的第二个杰出特征就是"时尚"。全球遍布ZARA的设计师或买手们，以随时收集最新的潮流信息，ZARA遍布全球的门店每隔三四天就上新品，每年有新品18000多件。

3. 超越知识的思维。比如，ZARA对于时尚款式的抓取与变成商品上的"一抄、二仿、三创新"；对于消费者"物美价廉"的追求的把握与变现。

4. 更好地理解实体店。比如，ZARA采取"+互联网"而非跟风"互联网+"；实体店选址黄金地段，甚至直接购买商业地产；聚焦实体店内"第三个营业员"——橱窗的作用；把实体店作为反馈市场信息的主要渠道之一；强调实体店的体验性；开大店、豪华店；等等。

5. 节约成本。比如，ZARA把劳动密集型的生产外包给大量的小型工厂，甚至是作坊；相比于国内品牌动辄数亿元、占营业收入30%多的广告费用，ZARA的广告费用只占营业收入的0.3%，把省下的费用用于降低商品零售价格而不是把巨额的广告费转嫁给消费者；等等。

6. 充分利用现代科技。ZARA的实体店内和公司其他地方广泛采用RFID、AR、机器人、智能LED、支付科技、信息科技、互联网等技术。

7. 国际化。ZARA进入了96个国家和地区的市场，真正的全球化经营、国际化视野。

8. 高效的供应链。高效的供应链使ZARA保证效率的同时大大节约了成本，最终降低了商品的零售价格，增强了企业的竞争力。

9. 连锁经营手册。为了快速地复制单店成功模式及实施标准化管理的目的，ZARA编制了关于连锁经营的系列手册，且不断动态更新该手册。

10. 重视培训。ZARA在总部设置有专门的培训中心，高度重视店长及店员们的培训工作。

11. 分散采购。ZARA的采购战略叫分散采购，意思是指ZARA的40%的原料来源于集团内部，剩余60%来源于外部供应商，每家外部供应商的份额不超过4%。这种分散采购模式保证了ZARA在采购中拥有绝对的话语权，因为ZARA可以随时更换供应商，防止对某一家供应商形成依赖，供应商为了获得ZARA的生意也必然会在质量、价格等方面互相竞争；同时，分散采购也减少了因为采购量大而导致的供应商缺货的状态。

12.熟练的营销技巧。比如，ZARA的"款多、量少、不打折"策略在降低库存、提高售罄率的同时，催生了饥饿营销、保值营销、快速购买的心理效应等。

13.职业经理人。ZARA并不像很多国内的民营企业，一定是子承父业式的家族传承。ZARA是严格的把股份和企业的经营管理权或者说产权、运营权区分开的，这样做既保障了家族资产的安全，又持续为企业提供活力。

14.循序渐进。迄今为止，ZARA在全球也不过7000多家门店，他们采用的是墨渍战略和洋葱圈战略，即围绕成熟的门店连续地向四周慢慢扩散，这就避免了盲目的大扩张——国内的连锁企业常常采取的自杀式行为。

15.创始人的低调和节俭。ZARA的创始人几乎没有几张照片出现在媒体中，以至于很多人怀疑这个人是否真的存在。在私生活方面，ZARA的创始人的衣着等也非常朴实，极少接受媒体采访。虽然在生活上低调和节俭，但ZARA的创始人在工作中绝对是个不折不扣的工作狂。

16.多品牌化。除了占营业收入60%的ZARA之外，其母公司还有其余高档、中档及廉价的服装品牌，涉及男装、女装和童装市场。

ZARA也有一些需要我们规避的问题，比如：其商品质量屡遭诟病、涉嫌抄袭的传闻不断、没有大量采用特许经营的加盟方式、线上体量不够、没有设置中小型门店、门店的选址没有突破一级商圈的局限、生产和物流及终端门店的资产过重、在广告和明星代言等宣传手段上有所欠缺、在中国的商品定价还是偏高、社会公益事业不足、周边类商品和服务开发欠缺、"大特许"的模式不成熟、对于KOL&联名&"网红"等现代"潮"营销方式接纳不充分、非基本款商品的生产加工没有更多地外包到成本更低的地区或国家等。

1.19　优衣库的成功=抓住战机+专业用心

优衣库在中国市场上的成功有很多原因，下面这些事例可以给大家很多有益启发。

1. 低价在中国市场行不通，就提价。一开始进入中国市场，优衣库是按照日本本土的经验经营的——以优质、低价的大众策略取胜。然而，事与愿违，这个策略行不通。优衣库认真研究了中国市场之后决定：提价，产品从定位大众的低价提升到白领级别的中等价格。自此，提价之后的优衣库销量日渐提升。其实，优衣库的第二次价格定位很类似于现在流行的"轻奢"思维。

2. 海量SKU与严选之争，后者赢。很多门店受到一站式、商超等的影响，动辄几千、几万甚至是百万级别、千万级别的SKU，互相之间都在比拼谁的SKU更多。大家如此做的原因是希望消费者消费时更方便，因为"总有一款适合你"。然而，产品的SKU太多，品牌太多，商家太多，广告太多，辨别产品好坏及是否适合自己的技术要求越来越高……以至于消费者浪费了大量时间，很多人面对不知道选哪个的时候正趋向于不再选择。这个时候，以有限、少量、精品、畅销款为代表但价格又低的"严选"品类管理模式顺势而生。网易严选、淘宝心选、京东京造等新兴互联网企业进入了，奥乐齐等老牌企业继续风行。

优衣库在H&M、ZARA等动辄每年几千个新SKU上市、每周都有上新的压力中非常淡定，反其道而行之，甚至把SKU压缩到H&M、ZARA等的十分之一，只是按季上新。但是，优衣库在品类管理的另一方面远远超过了H&M、ZARA等，那就是在每个SKU上大幅度增加其他特性。比如，同一款衣服的颜色可以多达18种；在尺码方面，除了标准常规尺码外，优衣库提供11种婴幼儿尺码、7种特殊尺码，全面解决了各类人群的需求。

3. 市场细分与老少通吃的选择。多数企业的定位都偏爱在同一品牌下、同一类门店中进行更窄范围的消费者市场细分，有很多人常常拿"专注""赛道"为自己做注脚。比如，在年龄这个维度上，多数企业都在上下20年的年龄段中定位。然而，优衣库的年龄定位是6～60岁的男人和女人，这是毫无疑问的男女通吃、老少咸宜的策略。尽管它可能会被一些教条、机械、呆板的所谓定位专家们诟病，但优衣库在事实上成功了。实践是检验真理的最佳标准。

4.产品是根。我一直强调，不管你是哪个行业，产品一定是决定你的企业能做多大、多强、多久的最重要的根，是最重要的，没有之一。

对于服装业这个最古老的行业之一来说，产品本身也在不断变化。正如解决了温饱的人们开始大吃大喝，一旦品尝够了美食之后，又开始追求养生甚至是返璞归真的一面——素食，其真相其实是人们开始关注饮食的本来面目和功能。服装业也是一样，解决了温饱的人们更倾向于以弥补缺憾的形式穿锦衣华服，而一旦人们并不需要"人靠衣装马靠鞍"之后，服装业也迎来了返璞归真的趋势，比如消费者更关注衣服的面料、功能及舒适感觉。优衣库紧紧抓住了这个趋势，果断推出其产品的核心卖点：舒服、功能、高科技面料。优衣库的服装因此被称为"基本款"。

优衣库成功的关键不是单纯的低价，而是高品质下的低价。在品质方面，优衣库的"凶狠"是非常值得其他企业学习的，比如业界的平均次品率一般是2%～3%，优衣库则要求工厂把次品率降到0.3%。优衣库对于次品的定位也比一般的企业更"凶狠"。比如，T恤的表面就算只有一根0.5毫米的线头也算次品。

5.服务和体验。服装业不同于其他行业，服装业最大的特点就是消费者更渴望在购买之前进行体验。你在餐厅就餐前必须得试吃才会点菜吗？恐怕这个概率很小很小。

优衣库给了消费者充分的体验机会，可以在任何地方购买产品（包括线上和线下购买），然后去任何一家当地或者外地的实体店试穿、退换货。

6.重视IP经济。抓住流行，就是要抓住"80后""90后""00后"这些消费主力军的心理。为了抓住他们的心理，企业就必须得知道且非常精通什么是暴雪、什么是电竞、什么是KOL、什么是漫威、什么是星战、什么是高达柯南、什么是联名款及KWAS这样的街头涂鸦的起源为什么是艺术。当然，对于经典的哆啦A梦、迪士尼等，也不能忘记或忽略。

2019年6月3日，"优衣库KAWS"在天猫的总搜索人次达83686，直接带动优衣库品牌的搜索量在当天暴增了3700%。事件发酵后不到3天，百度搜索收录的相关此次事件报道的文章已多达57900篇：大批男男女女老老少少早上7点就排队、队伍有千米长、有的门店六七百件产品5分钟之内被抢光、百米冲刺、匍匐穿越卷闸门、扒光模特身上的展示服等。这款联名T恤优衣库生产了100万件，按照每件99元计算，优衣库仅凭这一件T恤单品就创造了近1亿元的销售额。实际上，这些单品的相当一部分在后来被炒到了每件200~400元，甚至有的卖到近千元。

上述所谓IP经济的本质和真相其实是特许经营，包括商标等知识产权的特许经营。

7.仓储式的低价感觉依旧迷人。就服装界门店五花八门的陈列方式而言，优衣库门店的陈列方式绝对是一股反向或复古的清流，它的陈列方式非常简单，甚至就没有陈列可言，它就是超市的仓储式翻版。大量的同版衣服像在仓库里一样地重复堆积，先不说别的，首先给顾客的感觉就是便宜。

其实，优衣库这个名字的意思就是"独一无二的服装仓库"。

8.必须赚全世界的人的钱。相比于国内的连锁企业目前多数都是在国内争斗，甚至是小富即安于国内几省几市；多数的成功连锁大品牌都是把自己的"战场"开到了全世界，或者反过来说，正是因为他们把自己的"战场"开到了全世界，他们才成为了成功连锁大品牌。心有天下，天下才是你的。

目前，优衣库的海外营业收入已超过日本本土。非但门店开到了全球，优衣库的全球代工厂的一半以上也在日本本土之外，比如在中国的代工厂就超过了其全球所有代工厂的50%。

9.SPA（Specialty Retailer of Private Label Apparel，自有品牌服装专业零售商）的柔性供应链。这个柔性供应链的SPA模式其实也没那么神秘，读者只要记得几个关键就可以了：全产业链把控，把企业作为构建与完善商业生态圈的"平台"，生产特许经营，终端采用连锁经营，抓住核心环节（比如设计、销售、物流），信息技术，以销定产等。

当然，SPA并不只是解决了服装业都头疼的库存问题，它是以解决库存为立足点，进而解决了全产业链的问题。

10.坚定不移地走实体店之路。虽然优衣库的线上销售很喜人，但优衣库坚信：实体店是必不可少的。而且，优衣库用数据和事实证明：有优衣库门店的城市，天猫上优衣库旗舰店的销售一定好；没有优衣库门店的城市，销售就会差一些。

11.采用各种形式的特许经营。比如在生产领域，优衣库全球的248家代工厂几乎都是典型的生产特许经营；其与漫威、KAWS等知名IP的合作其实是知名IP对其的特许经营；等等。

12.改变实体店功能。在优衣库线上购买服装的消费者，可以在线下的任何一家当地或异地的实体店进行试穿、自提、换货、改装、外送等。比如，优衣库实体店推出"免费改、轻松换"的售后增值服务，消费者可以在当地或异地的门店中享受到修改裤长及同类商品换颜色、尺寸和当场试装等个性服务。这样一来，优衣库的实体店就不仅仅是销售场所了，它同时又是前置仓、体验店、售后服务中心。

1.20 沃尔玛几件不为人熟知的趣事

1.沃尔玛2019年的营业收入是阿里巴巴、腾讯和京东3家公司总和的3倍。所以，不要妄言实体店和互联网平台谁的财富更多。

2.沃尔玛连续18年位于《财富》的世界500强前三名，其中有14次是第一名，最近连续6年是第一名。

3.沃尔玛创始人家族——沃尔顿家族的财富超过1万亿元。

4.沃尔玛创始人山姆·沃尔顿一生节俭，为世人称道。比如他的廉价衣服、旧的棒球帽，以及开了一辈子的皮卡车。然而，他却买了18架私人飞机，只因为他喜欢飞行。

5. 山姆·沃尔顿自己家很穷，他起家的2万多美元是其岳父给他的，他的岳父是当时成功的大律师、牧场主和银行家。

6. 山姆·沃尔顿最初的创始店是在小镇上，沃尔玛的"农村包围城市"的经营战略的真相是他的夫人想在小镇生活，以"穷养儿"的方式去教育子女。所以，山姆·沃尔顿只能在小镇上开店。

7. 山姆·沃尔顿最初接触到零售时，他的身份是另一家零售超市的加盟商，并且干的还不错。

8. 山姆·沃尔顿的商人天赋从小就展现出来了，比如他打零工给人家送报纸时就经常是销售冠军，而且他懂得雇用别人帮他送报纸以扩大销售额。

9. 沃尔玛是世界上第一家拥有自己的卫星及信息系统的企业。早在1969年，沃尔玛就购买了第一台计算机用于支持日常业务。

10. 沃尔玛的员工人数是220万。

11. 现在的沃尔玛掌门人是山姆·沃尔顿的孙女婿，从某种意义上讲，沃尔顿家族打破了"富不过三代"的说法。

12. 山姆·沃尔顿每天早上准时从4:30开始工作。所以，当你抱怨自己穷的时候，看看人家的工作时间吧。

13. 现在美国阿肯色州的沃尔玛起家店其实并不是山姆·沃尔顿开的第一家店，他的第一家店在另一个小镇。

14. 沃尔玛其实并不是全球最便宜商品的连锁超市，德国奥乐齐的商品价格就比它还"狠"，以至于沃尔玛不在德国开店了。

15. 沃尔玛快速发展和扩大规模的主要手段之一是收购，即收购欲进入地区的连锁店。

16. 沃尔玛的许多著名原则其实并不是山姆·沃尔顿提出的，比如"3米原则"就是山姆·沃尔顿的大儿子任董事长以后规定的。

17. 沃尔玛其实是最早开展电子商务的公司之一。早在1996年，沃尔玛就启动了Wal-Mart.com电子商务网，此时亚马逊也才成立一年。现在，沃尔玛是美国电商市场份额的第三名。

18. 在京东，第一大股东是腾讯，第二大股东是刘强东，第三大股东是沃尔玛。在沃尔玛，京东的股份也不小，20%。

19. 在沃尔玛里不能用支付宝。

20. 很多人到处爆料沃尔玛的关店潮，但真相是：比如2017年，沃尔玛关了24家门店，又新开了31家门店。

1.21 实体店要凉凉吗

毫无疑问，目前的国内零售业，中国的企业开始逐渐强大，外资企业纷纷折戟中国市场。

美国的梅西百货，英国玛莎，韩国的易买得，日本的洋华堂、百安居、家得宝、百思买等，纷纷"阵亡"。

2019年，苏宁易购完成了对家乐福中国的股份收购。

泰国的尚泰百货和韩国的乐天等悄然离去。

物美控股麦德龙中国业务。

2020年春节后，英国最大零售商乐购将其与华润合资公司的20%股份售予华润的一个子公司，价格为2.75亿英镑，从而完成了从中国市场的退出。

…………

然而，沃尔玛非但没有撤出中国市场，反而逆势增加在中国的投资，沃尔玛目前已经在中国170个城市开设了400多家商场和19家配送中心。那么，沃尔玛在中国的应对之策都有哪些呢？

1. 多种门店形式。目前，沃尔玛共有4种门店形式：沃尔玛购物广场、山姆会员店、沃尔玛商店、沃尔玛社区店。

2. 大力开展社区店。在沃尔玛计划于中国新开设的500家店中，最重要的店型就是社区店。

3.开设云仓。为沃尔玛门店没有覆盖到的区域的云仓店的周围3公里提供配送到家服务。

4.与电商平台合作，大力开展送货上门服务，比如沃尔玛到家、沃尔玛京东到家等；同时开发小程序"扫玛购"。

5.打造差异化的商品和服务。沃尔玛坚持在生鲜商品、进口商品、自有品牌商品等方面发力。

6.大力发展高科技，包括大数据、人工智能、区块链、机器人的供应链项目、供应链的数字化、利用AI技术来做门店防盗和自助称重等。

7.无限配送业务的提货点与配送点。沃尔玛的客户可以在线订购食品杂货，并在当地商店免费取货。沃尔玛计划提供3100个提货点，在近1600个地点提供配送服务。

8.在中国投资华南生鲜配送中心，这个配送中心耗资7亿元，可以服务沃尔玛100多家门店，日处理能力最高可达16.5万箱。

9.花费80亿元对供应链进行升级。

1.22　看不懂的星巴克

星巴克有很多外行人看不懂的事情，但其背后都是高明的商业秘诀。如果你都能读懂并知道其背后的原因的话，恭喜你，你的特许经营、门店运营水平可以升级了。

下面仅举几个例子，你能看懂是什么原因吗？

1.在星巴克排队，不是竖着排，而是横着排。

2.星巴克店里放了很多依云矿泉水，基本没人买，但依然天天都摆着。

3.你在星巴克坐上半天，什么都不点，也没人赶你走。

4.星巴克的工作人员看起来很冷漠，不热情。

5.星巴克的中国门店没有小杯饮料，只有中杯、大杯、超大杯。

6.节假日不推销咖啡，推销各种杯子。

7.一年365天,你每天都可以喝到不同的咖啡。

8.你点的咖啡的杯子上会有你的名字。

9.几乎全球所有的星巴克门店的外部装修都不同。

10.星巴克在有些国家全是直营店(比如2018年之后的中国市场),有的国家全是加盟店,有的国家则是直营店和加盟店各占一半。

11.星巴克几乎不做任何广告。

12.星巴克的直营店几乎没有利润,星巴克利润的大多数来自于加盟店。

13.星巴克的门店有多种类型:盒马里的厨房店、十几平方米的咖快店、300平方米左右的本尊店、几千平方米的甄选店等。

14.星巴克店里还有酒、餐饮、小食及各种烘焙产品。

15.星巴克的很多专享服务只有会员才能享受到。

16.星巴克最近在大力提倡做好"第三空间"的同时做好"第四空间"。

17.星巴克的周边产品非常贵且销量很好,但星巴克总是限量销售。

18.星巴克77%以上的客户是"80后"。

19.星巴克的店址基本都处于昂贵的商业圈黄金地段。

20.星巴克规定,在公司里永远不许叫"员工",只能彼此称呼"合伙人"。

21.星巴克刚刚把全部业务分成两个大类:零售,数字创新。

22.星巴克把其速溶类的产品和餐饮经营权以71.5亿美元的价格出售给了雀巢。

23.你买的星巴克咖啡豆,其标签一定要贴在星巴克标志上方1英寸半的地方。

…………

1.23　麦当劳和星巴克的一个相似之处发人深省

麦当劳和星巴克有一个相似之处发人深省,这两个品牌的创始人都不是将其做大做强的人,虽然其创始人在技术上都属一流。

麦当劳兄弟俩率先创造了标准化生产汉堡的方法，使得顾客等餐时间大大缩短而生意盈门，然而，因为惧怕开更多的门店导致管理失控，所以没有开展大规模的特许经营和连锁店。这时，因惊讶于麦当劳虽然是小店却采购大批搅拌器的推销员克拉克负债借钱买下了麦当劳的商标等产权，大胆采用特许经营的方法，终于将麦当劳做成世界500强。

星巴克的3位创始人将咖啡豆的销售生意做得风生水起，然而，他们却拒绝了两个最现代的商业模式：一个是从卖产品变成卖服务，即从卖咖啡豆转为开咖啡店；另一个就是除了当时的4家门店之外不敢更大规模地开设分店。这时，因惊讶于只有4家门店的星巴克采购咖啡研磨机的数量却超过了梅西百货的舒尔兹负债借钱买下星巴克的商标等产权，大胆采用特许经营的方法，终于将星巴克做成世界500强。

....

看完上面的的故事，大家不觉得两者的发展轨迹惊人的相似吗？

其实，现今的市场上还在不断上演着类似于麦当劳和星巴克的创始人的故事，那就是没有对特许经营给予足够的信心和重视，从而导致自己虽然是原创却错失了全世界。

你，对特许经营有足够的信心和重视吗？

1.24　多难可以兴企——宜家

纵观国内外的商业发展史，其实，很多伟大的商业模式往往都是企业经营出现困难或在解决困难中"被逼无奈"下诞生的，所以，遇到问题便迎面解决，你也可以创造出伟大的商业模式。对待困难的态度就是你对待事业成败的态度。

宜家发展过程中很多伟大的想法都是为了解决现实问题或困难而自然而然地产生的。

1.发现家具市场，毅然转型。宜家的创始人英格瓦·坎普拉德于1943年创建的宜家公司最初并不卖家具，只是卖钢笔、皮夹子、画框、装饰性桌布、手表、珠宝及尼龙袜等小百货商品。一个偶然的机会，他发现购买家具的人特别多，于是便试着销售家具。当家具销量很大的时候，他决定放弃其余商品，专注于做家居生意。至此，我们熟知的宜家才算是真正意义上的诞生，其时是1951年。

2. 受到对手打压，走上自己设计之路。1955年，宜家的竞争对手施压供应商，供应商们为了保全更大规模的生意，不得不停止给宜家供货。被逼无奈，宜家开始自己设计家具，这次的"逼上梁山"实际上为以后宜家的独具特色（包括核心创举之一的平板包装）奠定了坚实的基础。

3. 顾客太多，被迫开放仓库，顾客自提商品。1965年，因为光临斯德哥尔摩宜家商场的顾客太多，数千人排队，员工不够用。无奈之下，宜家只能开放仓库并让顾客自提商品。不知不觉中，这两个伟大的被逼无奈的创意又形成了宜家日后的商业模式里最重要的特色部分。

4. 为成交，开设餐饮服务。因为宜家的门店位置偏远且面积较大，所以顾客逛一会儿后便会饥饿。于是，在英格瓦·坎普拉德的"你永远无法和一个饿着肚子的人谈生意"的原则指导下，宜家开始在店内开设餐饮服务。没想到，这个餐饮服务竟然成了宜家30%的顾客的主要目的，餐饮服务每年给宜家带来18亿美元的营业收入，占其门店总营业收入的5%～10%，以至于宜家宣布自己是全球第六大餐饮连锁企业。

5. 中国人的DIY意识不强，增加售后代安装服务。顾客自提商品、回家自己安装家具一直都是宜家的最大特色之一，进入中国市场之后，宜家才意识到中国人对于DIY并不热衷。于是，宜家开始尝试自己组建安装公司或与外部企业合作，代顾客安装家具。

6. 没有困难，就自己给自己创造困难。在外界没有压力促使宜家改变与提升时，他们甚至会自己给自己创造压力，"逼迫"自己提升。比如，宜家为了降低成本，其在设计产品之前先确定价格，然后"逼迫"设计师去寻找更廉价的原材料、更巧妙的省钱方法及"逼迫"工厂去设计更节省成本的生产工艺。

7.实体店生意下滑，"大特许"模式开始。宜家自1998年进入中国市场后业绩火爆异常，连年营业收入与利润暴增，以至于宜家亚太区总裁杜福廷信心满满地称：未来，15～25年的时间，中国将成为宜家销售贡献最大的单一国家市场。然而，好景不长，在2019年的"双11"活动中，其中国对手居然之家和红星美凯龙的战绩分别达到了120亿元和160亿元，红星美凯龙一天的销售额超过了宜家一年的销售额——146亿元。更重要的是，宜家的销售业绩、顾客数量都开始大幅下滑。痛定思痛，宜家决定走"大特许"之路，并将其作为"未来+"计划的最重要部分，即多店化（大店、体验店、订货中心、市中心的小店等）、新老渠道融合、线上线下融合、充分利用现代高科技、发挥从"店"到"点"的新时代特许经营"实体店+"优势等。

1.25 突破传统商圈限制有诀窍，以宜家为例

传统意识里，实体店都有自己固定范围的地理商圈，比如仓储超市方圆15公里、便利店周边10分钟路程之内、火车站覆盖区域、景点景区范围等。然而，这个时代需要创新，你的商圈也当然可以通过创新的方式扩大，从而使你的顾客成倍增加，不再受限于传统意义上的商圈、地理位置、交通影响要素等。具体的方法有很多，如线上生意、开通班车、快递上门、"大特许"、母子店等都是扩大商圈的好办法。

世界著名家居连锁宜家一直在创新，在扩大商圈上，宜家也有自己的妙招。一个很显然的道理：即便实体店里的商品或服务再好，多数顾客也不会到很远的地方去购物，因为太浪费时间了。如果顾客花费在路上的时间能换算成金钱的话，那就肯定不会嫌弃路远了。在阿联酋，宜家联合谷歌地图推出了"Buy With Your Time"的促销活动，把顾客从自己家到宜家的路上花费的时间换算成积分，可以用来换购宜家内的任何商品，距离越远，换算价值越大。如果你家到宜家实体店的时间是49分钟，那么，你可以拿这个时间换一个小茶几；如果是105分钟，你可以换一个大书架；如果是5分钟，你可

以换一个热狗。在宜家，你在路上花费的每一分钟都是明码标价的，时间真的就是金钱！结账的时候，宜家的收银员会问你："现金、信用卡，或者时间？"这时，你在谷歌地图中从自己家到宜家实体店的路上花费的时间会同步到你的个人宜家账号上并立即转换成相应的积分或金钱！

你现在还觉得宜家的实体店距离你家很远吗？

1.26 开店要有战略规划，以北京南站肯德基为例

在我开发的连锁企业布点或布局的20多种战略中，有一个叫作"全面覆盖"的战略，指的是在某些区域（比如车站、机场、景区等人流高度集中的地方），为了获得更多的客户，经营者把门店布置在整个区域的各个关键方位。

去过北京南站的读者如果细心观察，会发现肯德基的布局是最好的。他们沿着北京南站这个商圈进行直线式布点或布局，无论你从哪个进站口进站或者你在北京南站里的任何位置，总有距离你很近的一家肯德基门店，从而形成了对整个北京南站的顾客群的全面覆盖。麦当劳、周黑鸭虽然都有两个门店，但都集中在北京南站的一侧，所以在顾客群的覆盖上要差得多。周黑鸭的两个门店距离太近，必然有重复性的浪费。至于其他的企业，比如全聚德、永和大王、味千拉面、真功夫、吉野家、必胜客、星巴克、康师傅私房牛肉面等，因为都只有一家门店，所以只能吸引一小部分顾客。

1.27 麦当劳的新举措

1. EOTF（未来餐厅体验计划）的关键词：未来餐厅、体验、点餐和餐桌服务、便利性、技术、移动应用功能、服务、现代化、令人兴奋。

网络上展示的麦当劳新旗舰店，属于麦当劳"未来体验"概念的一部分，据说是"抄袭"了苹果零售店的设计风格。麦当劳称，它的目标就是"利用

更多的便利、个性化和选择大幅提升消费者的体验。利用其点餐和餐桌服务的便利性和相关技术、逐渐增加的移动应用功能及工作人员的热情服务打造现代化的、令人兴奋的用餐环境"。此计划的主要内容包括减少直营、加大加盟、大力实施数字化计划（包括电子自助点餐机取代收银员、数字支付、会员WIFI等）、提升外卖服务（包括收购了外卖平台"到家美食会"等动作）、菜单创新、美食级汉堡、送餐到桌、增设外场款待"大使"、装修升级等。

中国的餐饮和非餐饮连锁企业们，大家不该有什么想法吗？

2.麦当劳最近的几个明显动作值得所有特许、连锁企业注意，它们是时代的消费与商业模式趋势：CYT（顾客自己选材，自制汉堡）、手机下单和手机支付、先在手机上下单支付随后去餐厅自取、APP、触屏的自助点餐台设备、点餐和取餐的区域完全分开、进驻了外送平台"饿了么"等、虚拟星享卡等。

2

值得吸取的教训

2.1 克莉丝汀为何连亏7年

中国烘焙第一股克莉丝汀曾经风光无限，各种奖项、荣誉炫目耀眼。然而，自从上市之后，克莉丝汀的经营持续性反常，上市第二年至今持续亏损，上市第三年开始出现"关店潮"，克莉丝汀似乎开启了全面下滑之门：门店从高峰时的1052家剧降为如今的476家，减少了55%；公司连续7年巨额亏损；股票市场连续一周交易量为零；2020年3月，整月股票成交金额不到33.36万元；公司市值只有区区的1.72亿元……克莉丝汀已经沦为彻头彻尾的"仙股"。

2020年4月1日，克莉丝汀披露了2019年未经审核年度业绩，全年营业收入5.49亿元，同比减少约17.34%；全年亏损2.07亿元，关店110家；资产负债率提升到87.39%；裁员1039人，减少31%。

昨日花魁，今日败柳。克莉丝汀惨状的背后有许多中国连锁企业需要高度关注和引以为鉴的地方。

1.固执于直营。克莉丝汀一直固执地做直营，其原因和很多别的不敢做特许经营的企业的原因大致相同，那就是担心加盟店不好"管控"。

《第一财经日报》曾报道称，克莉丝汀生产中心总经理顾建华说：从前公司也曾经开过一两家加盟店，但管理起来太难……为了保证食物的品质，超过保质期限的食品必须报废处理。如果有加盟店的话，这点很难保证……部分加盟商为了节省成本难免会延长食品的保质期进行销售。完全不懂行的顾客买回去，也许不会吃出疾病，但会对克莉丝汀的食品品质产生怀疑。我们不能单纯为了店铺数量的增长而忽略了食品的品质。

发现加盟店的问题之后，克莉丝汀没有反思自己的管理是否有问题，没有系统地学习特许经营学，反而在直营的固执道路上越走越远。

2012年上市之后，克莉丝汀将募集资金的41%用于开设直营店，两年内开设了220家门店，花去1.25亿元。事实的真相是：定位高端的克莉丝汀基本上都把门店开设在城市的黄金地段，门店租金、人员工资、日常费用等支出自然是非常惊人的，这就不可避免地给克莉丝汀带来了资金和现金流的问题。

固然直营有其优势，但直营的弊端亦不言而喻。比如，通常情况下，直营会有如下的弊端：重资产、风险高、扩张慢、员工的积极性比加盟商低等。

2.高端定位，门店却开设在二线、三线甚至是四线城市。克莉丝汀一开始的定位是中高端烘焙，这在20世纪90年代初确实如明星般耀眼。然而，高端的定位下，克莉丝汀的许多门店却开在二线、三线甚至是四线城市，比如合肥、马鞍山、商丘、庆阳、湖州等地。可想而知，克莉丝汀产品高昂价格带来的结果只能是开业后的门前冷落鞍马稀。

3.资本进入，股东高层内讧。克莉丝汀创始人罗田安把公司的颓势归因于资本，他曾对蓝鲸财经记者表示：随着一些赚快钱的基金进入，管理层出现分歧甚至内讧，导致很多战略无法实施，最终掉队。最终，罗田安被"踢"出了克莉丝汀，成为创始人离开公司的典型案例。内讧对任何公司的发展都是致命的，大家应该还记得类似的企业，比如九头鸟、真功夫、国美等。

4.产品问题。克莉丝汀的产品出现了三大根本性问题。

首先是食品安全问题。对于食品企业而言，没有什么比食品安全问题更让消费者望而却步的了。然而，克莉丝汀却频频爆出包括落菌数超标之类的丑闻，让消费者越来越"怯"于消费。新加坡起家的企业——面包新语就是因为门店触碰食品安全的禁区，直接导致了其在中国市场大撤退的结局。

其次是产品本身的新鲜度问题。比如多家媒体都指出，克莉丝汀采用传统的中央工厂集中生产的方式，这使得产品的新鲜度大打折扣。中央工厂的模式在20世纪90年代很先进，但随着社会的发展，这种模式逐渐暴露出许多弊端。手工、现做、新鲜的食品概念契合了当下强调个性、体验、价值的新生代消费者们的偏爱。

再次是产品的搭配模式问题。现在的很多烘焙店广泛采用"饮品+烘焙"或者以饮品带动烘焙产品的模式，比如星巴克等咖啡店就是典型的例子。然而，在单店非常重要的主力产品、辅助产品及引流产品的搭配上，克莉丝汀已经滞后。尤其是在月饼市场下滑及月饼市场竞争非常激烈的当下，曾经是克莉丝汀主力产品——月饼的生意衰微更是让其雪上加霜。

5.竞争者纷起。目前的中国烘焙市场上，DQ冰雪皇后、好利来、85度C、元祖、安德鲁森、向阳坊、爱的礼物、巴黎贝甜、哈根达斯等烘焙连锁品牌如雨后春笋般纷纷涌现。另外，新兴的茶饮连锁业通过欧包或切片蛋糕等形式也在不断地蚕食克莉丝汀原有的市场。

6.区域而非全国连锁。我查询了克莉丝汀的网站之后发现，迄今，克莉丝汀的门店分布区域依然聚焦于长三角地区，主要是在江浙沪。克莉丝汀都没有布局全国，更谈不上进军全球了。

7."大特许"模式严重欠缺。当下，企业制胜的唯一、最佳法宝就是"大特许"，即超越并涵盖了全渠道、新零售、智慧零售、无界零售之上的将所有老模式、新模式、现代科技等合而为一的商业模式。然而，克莉丝汀的产品销售渠道、商业模式非常单一，其网站显示的渠道模式基本就是各种"店"，这就严重地限制了潜在消费者触达克莉丝汀的入口。自然，克莉丝汀的品牌知名度、市场占有率、消费者体验感等就会大幅下滑。

8.营销严重脱离时代。典型的表现是在网络上搜索克莉丝汀的网页和信息等，消费者根本看不到克莉丝汀的直播、"网红"、联名、小红书、"双11""二次元"等信息，这和那些新兴的茶饮、蛋糕类品牌形成鲜明的对比。当后者正在热火朝天地和消费者打成一片的时候，克莉丝汀这边却是"这里的黎明静悄悄"。

9.门店陈旧老化。在烘焙巨头们纷纷开设智慧门店、概念店及主打轻食、正餐风尚的时候，克莉丝汀似乎还是钟情于传统的实体店形态。市场、消费者已变，而门店依旧，老门店在吸引新的主力客户群方面明显不占优势。

....

2.2 从狗不理集团的声明谈起

一个网友发视频吐槽北京王府井狗不理店的食品难吃及价格贵，此差评被微博号"王府井狗不理店"怒斥"不实""追究法律责任""已报警"。接着，此事迅速在互联网发酵，大批网友跟着吐槽。眼看着吐槽大火越烧越旺，狗不理出台了一则声明，名为《狗不理集团解除与狗不理王府井店加盟方合作的声明》。

王府井狗不理店关门，似乎是这次吐槽差评事件的结尾。然而，在狗不理的这份声明中，我们还是隐约地看到了包括狗不理在内的一些老字号及那些从繁荣走到衰败的企业式微的原因。

1.该声明开篇第一条是：为了维护品牌美誉度和保障食品品质，狗不理集团坚持以直营为主，截至目前已陆续收回各地加盟期满的80多家加盟店。

很明显，狗不理将食品品质不好的原因归咎为加盟店和特许经营模式，可是狗不理并没有仔细思考如下3个问题。

①麦当劳、肯德基、7-11、星巴克等也是加盟的模式，为什么这些企业发展加盟商的时候不惧怕品牌美誉度和食品品质被破坏呢？

②狗不理的直营店就一定有品牌美誉度和食品品质保障吗？有兴趣的读者可以去看看网友们对于包括天津总店在内的狗不理直营店的评价。

③如果大力、科学地发展加盟商，狗不理是不是可以有更多的资金、时间、精力等去搞体系、推广和研发，会不会更好地提升品牌美誉度并保障食品品质呢？

出现问题不自省，反而推诿给外界因素，这种价值观本身就是有问题的。在这样的价值观指导之下，企业永远不能从根本上解决问题。

2.该声明的第二段明显是在褒扬总部、批评加盟商，比如：狗不理集团高度重视，集团领导率队在第一时间……这段话反映出一个问题——领导的问题。很明显，领导充当了救灾式的消防队员的角色，而管理的本意或更高一些的境界应该是"防患胜于救灾"。这段话反映出的另一个问题是：虽然加盟商处理问题不妥，但特许经营这种商业模式的本质惯例里一定要有的特许人的培训、指导、监管、督促的责任只字未提。从特许经营的本质上讲，加盟商更多的是特许人方案或规则的"执行者"，更像是特许人的学生。所以，按照"教不严，师之惰"的古训，执行者或学生出了问题，特许人或老师怎么能逃避责任呢？

3.按照该声明的内容推测，王府井加盟店的加盟时间至少在15年以上。对于这样一个长达15年的加盟商，狗不理断然不顾情谊，把责任推给加盟商一部分之后再果断"斩掉"加盟合同和15年的情谊，这种行为给人的感觉并不好，更重要的是：这不是合格对待加盟商的态度。

作为一个优秀的特许人，应该按照"维华加盟指数"的4点进行提升，这4点就是法、商、德、情。纵然法、商、德再好，没有人情味的特许人也是走不远的。试想一下，在加盟商自己也很恼火和灰心丧气的关键时间点，特许人如果能把主要责任归于自己，勇于担当，并且和加盟商一起面对问题、痛定思痛、痛改前非的话，狗不理的事业是不是能朝更好的方向发展呢？这种温暖的行为是不是能感动到更多的优秀人士或优秀企业加入到狗不理的加盟商队伍中呢？狗不理的处理方式有些冷酷、无情，是明显的"甩锅"行为。或许，对特许经营学的不精通正是狗不理不敢、不会做特许经营的深层次主要原因之一吧。

对于狗不理这样一个知名的老字号，我真心地希望其能全面认真地学习、实践特许经营学，以将狗不理发扬光大为己任，而不是因噎废食地拒绝加盟，并且因此拒绝了成功的机会、拒绝了辉煌的未来。

2.3 保守的谭木匠可以更激进些

研究完谭木匠为数不多的资料之后，更觉得谭木匠在企业性格上属于典型的保守型，这种保守或过于谨慎可能会使谭木匠在未来丧失优势。其实，谭木匠完全可以做得更开放些、更勇敢些、更激进些。

虽然谭木匠也有一些不保守的事例，比如：很早的时候，谭木匠就敢火烧15万把不合格梳子；花费年利润的1/3去请顾问咨询公司为企业"把脉"；大规模开展特许经营并以加盟作为商业模式的主流；进军海外市场；上市；组建电商团队；将总部从直辖市搬到江苏句容的小镇上；与迪士尼电影《花木兰》搞"木兰梳"联名产品；等等。然而，除了上述的加分项之外，让谭木匠减分的保守项亦不在少数。

  1.对外投资缩手缩脚。能查到的资料显示，谭木匠只是投资两个7000万元分别认购了建行与工行的理财产品，从而获得3%左右的利息。或许，这是因为谭木匠早年赔了100万元于某电影的投资而带来的心理阴影所致吧；或许，谭木匠没有看到某某上市公司只是因为卖了几栋北京的商品房就获利超过了公司年利润之类的新闻。

  投资收益应该成为具有多余现金流的企业的主要收入来源之一。

  2.家族气息异常浓厚。在二儿子成为总裁之后，现在的谭木匠的3位权力中心的核心人物分别为父亲、大儿子、二儿子，持有股份为上市公司的一大半。这样的权力中心完全就是家庭式作坊的组织架构。家族化太明显的组织架构不利于引进职业经理人，不利于企业的长久发展，也容易引起家族内部纠纷。至少，谭木匠应产、运分离。

  3.加盟金太低。以谭木匠目前的光环、业绩等带来的品牌溢价，完全可以收取更高的特许经营系列费用，而不是每年区区50万元的加盟金。品牌溢价可以落实在很多方面，不只是产品，当然可以包括特许经营费用。

  4.没有多品牌化。除了以梳子作为核心产品的小件产品之外，谭木匠就只有高档家具店了。与现代的特许人动辄十几个品牌的多品牌化矩阵相比，谭木匠在经营范围和客户挖掘、风险规避、可持续发展、全面资源开发、"维华四维全产业链平台模型"的多元化延展等方面确实努力不够，或者说胆魄不足。

  5.凄苦动人的励志故事和"专业""专家"的定位不符合。或许，谭木匠创始人谭传华那些流落街头、差点自杀、为了6个包子画画、多次创业失败、女友背弃、遭人歧视的故事是真的，确实也很感人，催人泪下，但这些故事更适合在个人传记上记载，而不适合成为门店文化墙上的内容，因为谭木匠的定位是梳子及相关的小木件的"专业""专家"（其沿用了好多年的口号"我善治木"就是暗示自己的"专业""专家"身份）。显然，技术上的"专业""专家"不是靠凄苦动人的励志故事就能换来的。新时代，谭木匠需要讲新故事。

6.没有大规模地进入三线、四线城市。现在的市场下沉已是不容置疑的事实,中国的城镇化道路已经是大势所趋,三线、四线、五线城市的居民的消费力在急剧上升。这个时候,其实是企业在这些城市"圈地"的最佳时机。遗憾的是,谭木匠的产品却基本没有突破一线、二线城市市场的限制。或许,谭木匠在等待这些城市的居民的消费力达到买得起均价100多元的梳子的那个时间点。然而,当那个时间真的出现时,或许张木匠、王木匠、李木匠等已经完成了"圈地"工作,谭木匠只能望洋兴叹了。

2.4 遗憾的拉夏贝尔

20多年前我就说过,作为连锁经营或特许经营企业,应该以我的16种门店类型作为开店的原则,绝对不能执着于纯粹的直营或加盟模式,或者搞所谓的"双轨制"。当然,之所以有许多企业固执于直营模式是因为完全陷入了关于特许经营的一些误区:加盟不如直营赚钱;加盟不好控制;等等。

很多连锁企业都是亡羊之后才想起要去补牢,火不烧到眉毛是绝对不灭火的。当然,很多企业想"灭火"的时候为时已晚,曾经被誉为中国版ZARA的拉夏贝尔就是一例:固执地大量开直营店,直到面临巨大经营困难时才被迫用加盟"灭火"。

加盟本来应该是企业毫不动摇的坚定战略,却常常成了企业的灭火器。

2019年,无数媒体都在报道拉夏贝尔的"业绩爆雷""市值暴跌""暴亏××亿元"。一众媒体整齐划一地唱衰拉夏贝尔的原因主要基于其3点惊人表现:关店潮,利润剧降,股价暴跌。

1.关店方面。仅2019年上半年,拉夏贝尔关闭门店数就达到2470家,日均关店14家。到了2019年年底,此前将近上万家的拉夏贝尔零售门店已经关闭了4000多家,只剩下4800家左右,闭店率高达50%。

2.利润下滑方面。到了2019年年底,拉夏贝尔的亏损已经同比扩大10倍有余。根据其官方公布的数据显示,拉夏贝尔预计2019年全年净利润亏损16亿~21亿元。

3.股市上的表现。拉夏贝尔的股价暴跌接近85%。

除了上述3个方面之外，不算2019年上半年的数据，拉夏贝尔的债务总额达到73亿元。可以说，当时的拉夏贝尔濒临破产，退市风险极高。为此，拉夏贝尔频频关店、出售办公楼、出售旗下品牌和子公司、公司控股子公司正在申请破产清算……

拉夏贝尔之所以落得如此被动的下场，最主要的原因之一就是其早前提出的两大战略"多品牌化""全部直营"。本来，拉夏贝尔的开店速度不快。后来，因为资本的介入和鼓动，拉夏贝尔开始盲目开店，而且是重资产、风险高的直营店。数据显示，2012年年初，拉夏贝尔仅有3340家门店。到了2017年年末，拉夏贝尔的门店数已经扩张到了9448家。也就是说，拉夏贝尔在6年时间内以每年新开店1018家的速度扩张。在全年365天日日无休的状况下，拉夏贝尔平均日开店近3家。如果是开设加盟店，问题可能也不至于这么严重。但是，拉夏贝尔的门店几乎全是直营。

投中网的某篇报道说，拉夏贝尔承认，"直营渠道带来的人工、租金等成本上涨的压力，如果无法实现单店销售业绩增长的目的，将会导致公司盈利能力下降……直营模式有利于自主统一贯彻公司经营战略、及时直接掌握客户需求动态、快速拓展新品牌规模等优势，但需要投入较多的经营资源，成本支出压力较大"。

在历经和亲身感受了直营的痛楚之后，虽然是以"灭火器"的形态出现，但拉夏贝尔终于大力发展加盟店了，声称要把现有渠道的50%（也就是一半的门店）转换成加盟和联营的形式。

亡羊补牢者也许可补牢，然而，船到江心时补漏通常很难。拉夏贝尔的教训再一次提醒大家：或许做特许经营才是最佳出路。

2.5 令人失望的屈臣氏

曾经有辉煌的时刻，但现在的屈臣氏确实出了一些问题。当然，这些问题绝不只是一些人认为的没有拥抱互联网的问题，而是包括了很多方面。本文列出一些网友的意见和我个人的亲身体会，希望能给屈臣氏和别的连锁企业一些有益的启发。

1.门店似乎有"老化"的迹象，当下18～35岁年轻女性喜欢的潮流甚至是另类的或刺激感没有。屈臣氏应该好好研究研究时下的网络热词、关键词。

2.没有发挥自己的全球采购优势，反而比拼本土品牌。消费者喜欢的才是应该销售的，你能赚钱的要不要卖是次要的。

3.零售餐饮化、餐饮零售化的趋势没把握好。不是说非要在屈臣氏门店里做餐饮，而是应该考虑设置一片区域以吸引、留住目标消费者，只有增加她们的逗留时间，才能加大消费概率。比如，设置免费化妆间，终生免费做发型，免费提供零食甚至是咖啡等。

4.没有打造出女性心心念念的爆款。

5.化妆品不同于生鲜。因为化妆品领域有明显的厂家品牌偏好，所以，屈臣氏应该引入国内外的大牌，不能以销售自有品牌为主。但是，生鲜及米面菜水果什么的可以大规模地做自我品牌。

6.继续收取条码费、选位费等进场费的商超盈利模式已经过时，而且很容易激起供应商们的反抗和阳奉阴违。

7.屈臣氏的价格定位有问题。化妆品不同于别的产品，对应于年轻女性的贴身物品不能走一味地低价策略。轻奢是趋势，看看法国品牌丝芙兰就知道了。

8.现代社会，导购要放弃喋喋不休的"打扰顾客"方式，应采用非打扰服务。现代的人更喜欢自由、自主及被尊重。

9.我以前做彩妆特许经营顾问咨询的时候就特别强调过，彩妆一定是时代的趋势，化妆是现代女性的刚需。大家只要看看女性没有美颜不拍照的现实就明白了。所以，要大力做彩妆。

10.除了应增加的服务之外，屈臣氏还应该按照我的"维华四维全产业链模型"做上下左右的延伸，以改变盈利模式。你的单店盈利只有丝芙兰的1/10，绝对不仅仅是丝芙兰走高端路线所致。

11.屈臣氏的定位、品牌印象似乎有些混乱，很多人对它的印象是"个护专业店""廉价杂货店""卖化妆品的""土气"。然而,这些外部人士或者消费者对屈臣氏的定位和印象与屈臣氏自己的诉求和追求是有差异的,或者说是迥然不同的。

12.现代的女性很容易受KOL(关键意见领袖)的影响,所以,屈臣氏应大力加大与"网红"、明星、"带货王"等的合作。

13.买手制、快闪店非常适合屈臣氏。但是,很可惜,据资料上看,屈臣氏用的似乎不多。

14.毫无疑问,女性,尤其是18～35岁的女性是最感性的,她们非常乐于体验、易于被体贴感动、愿意为知己和美丽"毫无节制"的消费,所以,屈臣氏应该着力把自己变成一个让女性激动的如痴如癫的体验店。

15.屈臣氏们千万别忘了"女性喜欢的玫瑰花通常都是男性买的"。遗憾的是:屈臣氏的营销策略似乎完全忽略了如何搞定男性。

…………

就写这么多吧。希望屈臣氏越做越好。

2.6 "咖啡陪你"灰飞烟灭的启示

8年时间全球开店1200家、进入中国市场两年多签约加盟商上千家并一举成为中国咖啡连锁头部企业的"咖啡陪你"还没来得及实现其伟大的"干掉"星巴克的梦想,就一夜之间灰飞烟灭,成为中国特许经营、连锁加盟企业的典型反面案例,其被估值5000多万的88件注册商标权两次拍卖之后也流拍了,"咖啡陪你"快被世人彻底抛弃了。

"星巴克教会中国人什么是咖啡,'咖啡陪你'教会中国人如何开咖啡店"的传说、《冲到最后一刻——"咖啡陪你"领军韩国咖啡市场的秘密》一书都成了连锁界的谈资笑料。

成功的企业各有特色,失败的企业几乎都有一些共性。

在"咖啡陪你"的短暂寿命里,它几乎踩到了特许经营企业所有可能遇到的陷阱。前车之辙、后车之鉴,每个欲实现万店裂变的连锁梦想的企业或个人一定要汲取这些用大量丑闻、笑话等换来的教训。

1. 盲目扩张。自2008年在韩国开设第一家门店的4个月内，"咖啡陪你"连开9家门店；1年之后，门店扩展到100家；5年之后，"咖啡陪你"不但进军海外，而且门店总数超过1000家。

在中国市场，"咖啡陪你"自2012年进入以后，仅1年时间就突破100家门店，两年多后门店超过600家，其开店速度远超星巴克等咖啡连锁品牌。这其中的95%是加盟店。

按照我研发的"开店数量和直营加盟比例"的模型，连锁企业的扩张速度取决于3个主要因素：企业自身的资源、外在市场的约束与支撑（包括市场的容量、消费者的接纳度、法律法规的允许等）及企业自身的战略与定位。显然，刚进入中国市场两年多的"咖啡陪你"的开店速度明显超越了自己能力和市场容量，这从根子上注定了"咖啡陪你"的后来败局。相比较而言，麦当劳、肯德基在进入中国市场13年后才开始小心翼翼地发展本土加盟商。星巴克在进入中国市场13年后才开设了700家门店。

没有金刚钻，别揽瓷器活。按我经常说的比喻就是：如果是自行车的配置，千万不要跑出汽车的速度。大家必须牢记这个血的教训。

2. 只求数量，不问质量。与盲目扩张相伴随的问题通常是单店的盈利状况非常差，这种管生不管养的恶果就是：虽然有庞大的连锁店规模，但"咖啡陪你"单店盈利状况非常差，只有不到20%的门店盈利，大多数的门店亏损或严重亏损。有媒体报道称，"来到中国发展后的一年半时间里，'咖啡陪你'是一边开店一边关店"。

3. 选择加盟商的门槛低。为了实现快速扩张的目的，"咖啡陪你"选择加盟商几乎没有限制。只要有钱，几乎人人都可以加盟。如此一来，大量不合格的加盟商挤进特许经营体系之中，他们带来的贡献远远小于他们给体系带来的伤害。

对于加盟这个问题，"咖啡陪你"招商人员的答案通常是：只要三五公里范围内没有同店，资金齐全就可以加盟，没有特别的门槛。

4. 加盟店的类型选择失误。按照我研发的关于单店的"两权分离"的模型，特许经营或连锁经营的企业门店总共可以有16种类型，但采用哪几种类型则需要根据企业的实力、发展战略、行业情况、特许人的生命周期等谨慎计算确定。

"咖啡陪你"选择了3种门店类型，按照总部与加盟商投资占比，分为51%对49%、60%对40%、0对100%等3种。在这3种形式中，70%的加盟店采用了加盟商出资49%、"咖啡陪你"出资51%的形式，这种形式虽然可以在总部的掌控力度上有所改善、利于特许人体系的融资与上市，但其最大的弊端是要占用总部大量的资金。或许，这是"咖啡陪你"后来资金链断裂的重要原因之一吧。

还有更麻烦的事情，"咖啡陪你"约80%的加盟店采用"托管式"模式。托管式特许经营有其优势，但其弊端也很明显——类似于直营的弊端，比如因为员工没有投资，所以他们的积极性、压力、动力都不足。此外，"咖啡陪你"这种"托管式"的弊端还包括：加盟店盈利，加盟商认为是理所当然的事情；加盟店亏损，不愿意在运营上有任何付出的加盟商就会把所有责任归于特许人；特许人没有利用好加盟商除了资金之外的其他资源，比如人脉、经营能力、对当地市场比较熟悉等；特许人凭空增加了远程、异地的人力资源管理成本、难度等。

5.对于加盟商的培训严重缺失。对于特许经营、连锁经营企业而言，我一直强调，必须牢牢抓住5条生命线：培训，物流或供应链，信息系统，电商，金融资本。

特许经营企业的硬件、有形的东西很好复制，但理念、文化、技术等无形的东西很难复制，而后者只能依靠以培训为主的复制技术才能更好地实现。但是，"咖啡陪你"总部对于加盟商而言，几乎没有培训，多数加盟商都是自学成才或自学不成才。如此，外行怎么可能把单店运营好呢？

6.资金链断裂。如上所述的5条生命线之一就包括了资金链的问题。"咖啡陪你"在中国市场不到4年时间就出现了严重的资金链问题：拖欠意向加盟商的返还意向金、拖欠员工工资、拖欠供应商货款、拖欠办公室房租，甚至都欠装修工人的钱。

库里有粮才能心中不慌，企业必须得有适当的资金或现金储备。

7.配送费用明显违规。如上所述的5条生命线之一的物流问题，按业内惯例：特许人因为批发效应，其配送给加盟商的物资的价格应低于公开市场的价格，如此才是加盟的最大好处之一。然而，"咖啡陪你"却恰恰反过来了：金佰利M39双头半自动咖啡机，批发价格为5万元左右，"咖啡陪你"却标价12万元；同品牌同规格的原材料在当地采购的价格都远低于"咖啡陪你"物料配送的价格。

8.团队丧失。我在很久以前就说过，企业要想做好，必须坚持至少4个原则，"产品是根，模式是翅膀，品牌是目标、更是工具，团队是中心"。

"咖啡陪你"原总裁是曾经的星巴克中国区总裁，其能力应该不差，但不到一年的时间，该人辞职了。后来，在"咖啡陪你"经营困难的时候，又因为拖欠工资而大量流失团队精英，这些人才的离去让"咖啡陪你"彻底失去了翻身的资本和绝佳的资源及最好的机会。

9.各店产品不统一。因为总部的不闻不问及总部的原料供应不及时，很多加盟店为了保证日常运营只能自己私底下结盟，自行采购原材料，这就直接导致了作为单店经营之"根"的产品品质直线下滑，各店产品口味参差不齐，顾客纷纷"逃离"。

10.加盟商完全"失控"。因为总部督导严重不到位，很多门店自行其是，比如有的门店甚至卖开了盖饭。五花八门的产品和服务让"咖啡陪你"的企业品牌、形象和定位迅速崩塌。

11.特许经营费用太高，尤其是加盟时的初始费用，"咖啡陪你"简直要到了天价。据相关媒体报道，以一家200平方米左右的门店为例，按照"咖啡陪你"的计算，总共需要大约300万元启动资金：受托运营管理费35万元、员工培训费10万元、室内设计装修费60万元（每平方米3000元）、现场监理费10万元、设备及家具80万元、招牌及形象包装10万元、MD商品及消耗品10万元、POP广告及活动策划10万元、物流保证金10万元、初期物料费9万元、证照办理费10万元，以及受托创业保证金35万元等。加盟商们后来发现，按照市场正常价格计算，开一家如此规模的咖啡门店，实际成本约80万元，而自己花了147万元才占了49%的股份。过高的资金压力带来两个直接的明显缺陷：单店成本回收期变长；单店为了加快回收成本可能甘冒有损商业信誉的风险。很明显，这些高昂的费用让人直觉"咖啡陪你"有圈钱之嫌疑。

12.总部的支持服务跟不上。加盟商加盟之后，总部对其基本是不管不问的"放羊"状态，培训、营运、物流等都跟不上，就连最重要的咖啡豆也经常缺货，任由加盟商自生自灭。或许，总部根本就没有后续支持的能力。这就完全违背了我常讲的特许人最起码要做到的4点：领进门，扶上马，送一程，保终生。

这种"放羊"的状态，加盟"咖啡陪你"和自己独立开店有什么区别呢？

13.总部内乱。不止一家媒体报道过，"咖啡陪你"的中国总部拉帮结派，他们为了利益和决策争斗不止。一个1000多家门店的连锁加盟或特许经营体系，如果没有一个强有力的总部领导，其后果是非常可怕的。

…………

以上仅仅是我根据一众媒体支离破碎的报道总结出来的。或许，"咖啡陪你"还有更严重的问题。看完"咖啡陪你"这些血的教训，大家该怎么做呢？

2.7 好利来"散伙"背后的警醒

1.连锁企业需要与时俱进。但是，提升与改革时，既要考虑企业战略发展、市场需求，也要考虑加盟商的成本等承受力、利益等吸引力、企业文化等惯性力、地区的差异性等问题。

2.加强团队的凝聚力不能只靠利益捆绑，还要依靠合同、权利限制及文化感召等方法。

3.企业家应协调好个人爱好与企业经营之间的关系。类似的失败案例很多，因为爱好摄影、收藏、登山、养马等而毁了自己事业甚至家庭的例子比比皆是。

4.只有按照我的"成功构建特许经营体系五步法"建立了科学的特许经营体系，才能使你的连锁企业从上到下地整齐划一、动作一致、一呼百应。

否则，很容易离心离德、划区而治，从而被竞争者各个击破。

5.招商应从"零"开始就把控质量，在设计特许权、制定加盟政策、给加盟商画像、设计加盟条件、发布加盟信息、审核资料、小组评判、打分确定、营建、培训、终生督导与客服等各个环节中都必须时刻关注、研究分析加盟商个人信用等档案，如此才能保证加盟商给体系带来的是正能量。

2.8　西安奔驰漏油事件启示

1.即便你改名，也逃不脱连锁企业"一荣俱荣、一损俱损"的规律。对于连锁企业而言，不管是出于什么目的，即使不同的门店或企业名称不同，但在如今信息透明的时代，其中一个门店或企业出了丑闻，其他的门店、企业即便改了名字，结果依旧是一荣俱荣、一损俱损。因此，按照我提倡的法、商、德、情四大元素严格经营是连锁企业的不二选择。

2.特许经营的授权不能一授了之，必须建立管控和督导体系。作为生产厂家，无论终端采取那种特许方式（产品特许、品牌特许、模式特许），品牌从此就和这些终端渠道紧密联系在一起了。生产厂家所谓的"不干涉经销商或授权商的经营行为"的借口是非常幼稚的，消费者一定会因为经销商或授权商的不当经营行为而把全部或部分责任归结到生产厂家身上。所以，生产厂家一旦采取了特许的模式，绝对不能一授了之，而应该保持适当的对于终端许可商家的管控或督导。

3.建立有效的连锁店售后服务体系，防止火星变成火灾。对于直接接触和服务客户的门店而言，必须提前建立标准化的系列体系，包括售后服务体系。对于经营过程中出现的任何问题，门店都必须第一时间把意外情况消灭在萌芽状态。否则，本来很小的事情就会演变成不可挽回的巨大损失。

4.好的品牌需要全程管理。奔驰的产品本身质量不错，但这还远远不够，必须得全程管理，比如销售和售后也必须得符合和相称其设计与生产的质量。

2.9　周黑鸭，你的特许经营步子应该再大些

周黑鸭的特许经营之路可以粗略地分为3个阶段。

第一阶段：冒失加盟，甩锅模式。早年在对特许经营并不熟悉的情况下，周黑鸭就开始搞加盟。加盟失败后，周黑鸭没有反思自己在特许经营上的知识缺陷，将失败原因甩锅给特许经营模式。从此，一朝被蛇咬、十年怕井绳，坚定地不搞加盟。

第二阶段，被迫搞加盟，只做区域。连续多年的营业收入、利润、门店数量三连降之后，尤其是看到了对手们通过特许经营的方式迅速地把自己甩了几条街之后，周黑鸭终于忍不住了又开始搞加盟，但只搞区域加盟或他们自己认为的发展特许。

第三阶段，放开单店加盟。搞区域加盟几年之后，或许是意识到了要价高昂的区域加盟商的弊端，周黑鸭又小心翼翼地在特许经营的道路上迈了一步：放开单店加盟，但依旧声称只做全托管式的单店加盟，不敢做那种加盟商投资、加盟商运营的纯单店加盟。

整体而言，周黑鸭的特许经营步伐或许过于谨慎、畏首畏尾了。如此一来，周黑鸭能否借助特许经营实现超越另外两个巨头对手的目的就是个大大的问号了。

或许，周黑鸭的特许经营步子应该再大一些，比如全面实施"大特许"而非传统的特许经营模式。

3

特许经营趣史

3 特许经营趣史

3.1 巴清与政府特许

秦国有位女性曾受到了秦始皇的高度表彰和重视并成为他的座上贵宾，秦始皇封其为"贞妇"并专门筑"女怀清台"以纪念。秦始皇对这位女性的尊重在史书上被称为"礼抗万乘"。这位女性就是被誉为"中国乃至世界上最早的女企业家"的巴清，一个继承了祖业炼制丹砂的寡妇，因其名字为"清"，地属巴郡，故史称"巴寡妇清"。

巴清的主要产业为丹砂，丹砂是一种提炼水银的主要矿物原料，有毒，有防腐性。丹砂用途广泛，可作颜料、染料、化妆品，所谓"丹青"，"丹"就指丹砂。在中医上，丹砂可以用来安神、定惊，外科用来治疗疥癣等皮肤病，在封建社会常被一些方士用作炼制长生不老药。《神农本草经》中记载："主治身体五脏百病，养精神，安魂魄，益气，明目，杀精魅邪恶鬼。久服通神明，不老。能化为汞。"

因为丹砂的用途广泛，需求量非常大，秦国对丹砂实施特许经营。正是因为垄断性的生产和销售，巴清才因工、商两重被称为中国历史上著名的"工商业主"。

3.2 桑弘羊与特许经营

《汉书》记载：及御史大夫桑弘羊建造酒榷盐铁，为国兴利……这句话大致的意思就是桑弘羊向汉武帝建议设立酒类专卖、盐铁官营的制度，因为这样的好处是"为国兴利"——为国家增加了财富，桑弘羊也因此被誉为"兴利之臣"。

曹操评价政府特许经营的好处时曾说：察观先贤之论，多以盐铁之利，足赡军国之用。桑弘羊提出的酒类专卖、盐铁官营等大幅度增加了汉朝政府的收入。至于成为政府特许经营加盟商的盐商也是利益丰厚，白居易曾有诗曰：……盐商妇，有幸嫁盐商。终朝美饭食，终岁好衣裳。好衣美食有来处，亦须惭愧桑弘羊……

3.3　西汉召开世界上首届"特许经营论坛"

世界首届关于特许经营的论坛，召开于什么时候？答案是公元前81年，即汉昭帝始元六年，距今已有两千多年。该次"特许经营论坛"的召集者是汉昭帝，执行人是汉武帝的托孤大臣霍光，参会者主要有两类人：丞相田千秋、御史大夫桑弘羊等官僚，以及各地的贤良、文学等民间精英。参加"论坛"的有60多人，"论坛"的举办地点是汉朝皇宫中。30多年后，庐江太守丞恒宽根据该次"论坛"的官方会议记录进行整理，加上参会人员儒生朱子伯提供的信息，整理编撰成《盐铁论》一书。该次"特许经营论坛"的正名——史称"盐铁会议"。

虽然《盐铁论》讨论的内容涉及政治、经济、司法、民风、民俗、外交等，但《盐铁论》的十卷之中有七卷（一卷、二卷、三卷、五卷、六卷、七卷、十卷）论及"盐、铁"，全书之中同时提到"盐、铁"者共30处，可见盐、铁之重要性，而当时"特许经营"的代表又是盐、铁，足见"特许经营"在该次"论坛"中的地位。

该次"论坛"中辩论双方所述观点其实是非常精彩的关于特许经营利弊的交锋，整理者恒宽在《杂论》中承认，"余睹盐、铁之义，观乎公卿、文学、贤良之论，意指殊路，各有所出，或上仁义，或务权利"。主辩的一方是以汉武帝给汉昭帝指定的四位辅政大臣之一、赫赫有名的"年十三侍中（十三岁就入侍宫中）"的桑弘羊为代表的政府官员，他们主张延用汉武帝时定下的国策——盐铁官营、酒榷。按今天的话说就是：盐、铁、酒要施行政府专营或只允许垄断国营。因为这样的好处之一是政府可以拿到很丰厚的垄断利益，"边用度不足，故兴盐、铁，设酒榷""民不益赋而天下用饶"。主辩的另一方为各地的贤良、文学，他们认为垄断国营的缺点是"与民争利"且极易导致贪污腐败。白居易的《盐商妇》中就明确说明了垄断国营的缺点——"每年盐利入官时，少入官家多入私。官家利薄私家厚，盐铁尚书远不知"。再者，因为垄断国营，为了攫取民生必需之物的高额利益，势必导致盐、铁价格昂贵，《盐铁论·禁耕篇》中记载，"盐、铁贾贵，百姓不便"。还有，贤良、文学们还总结出了垄断国营的另一个弊端，亦即产品质量差，比如铸铁官营的铁器就是"民用钝弊，割草不痛。是以农夫作剧，得获者少，百姓苦之矣"。因此，贤良、文学们极力主张废除垄断国营，转而施行特许经营，即官督民办。

一番激烈而精彩的辩论之后，结果是特许经营的论调稍占据上风，汉朝政府废除了全国的酒类专卖和关内铁官。自此，以酒的特许经营为例，政府特许经营开始盛行，并且逐渐扩展至其他行业领域。

3.4 胡雪岩与连锁经营

清朝末年，因解决西征经费问题而被左宗棠誉为"一时无两"的胡雪岩的经商范围非常广，包括粮食、房地产、造船、当铺、蚕丝、军火及药店——"胡庆余堂"等。然而，其核心产业毫无争议的是拥有全国20余家连锁店的钱庄——"阜康钱庄"，此连锁经营钱庄才是胡雪岩财富的主要来源。

3.5 美国退伍老兵与特许经营全球发展契机

特许经营在第二次世界大战后得以大发展的最重要契机之一是由于美国政府要解决退伍老兵的就业问题。

美国政府发现退伍军人有"三无两有"的特点，即无学历、无商业经验、无生意技能，但退伍军人都有一笔退伍的款项并有强大的执行力。于是，在反复认真论证后，美国政府最终选定了特许经营这个绝佳的模式来解决退伍老兵的就业问题，因为它恰好符合退伍军人的创业特点。美国政府随即大力推广这种创业成功率远高于自己独立创业、以创业带动就业比例非常高的商业模式。自此，特许经营在美国得以全面大发展并迅速扩展到全世界。

在我独创的"维华商创"的大数据研究中，众多的加盟商潜在群体中最适合加盟的人群里排名第一位的也是退伍军人。

3.6 特许经营拯救了奥运会

在1984年洛杉矶奥运会之前，没有几个城市或国家愿意举办奥运会，因为太赔钱了，比如1980年的莫斯科奥运会花了90亿美元而毫无盈利！然而，在尤伯罗斯操作了1984年的洛杉矶奥运会之后，奥运会开始赚钱了，而且是赚大钱了，奥运会从此就成了大家争抢举办的摇钱树。尤伯罗斯是如何做到的呢？他主要运用了两种方法来保证奥运会能够盈利。其一是全面资源运营理论指导下的开源节流。比如，不建设专门的奥运村和场馆，而是充分利用现有的体育场馆及大学的宿舍；不招聘专门的工作人员，是发动大量的志愿者；等等。其二是特许经营。比如电视转播权、特许赞助商等，甚至火炬传递路线上举火炬的权利都要特许出去。

…………

特许经营既然可以拯救奥运会，企业当然可以利用特许经营迅速实现扭亏为巨盈、万店裂变等商业目标。

4 特许经营基本知识

4 特许经营基本知识

4.1 连锁和加盟的区别

实际上,连锁和加盟的区别就是特许经营和连锁经营的区别,两者的主要区别在于如下几个方面。

1.出现时间。现代商业模式特许经营1865年在美国出现,距今已有150多年的历史了。如果从1987年算起,特许经营在中国的发展也有30多年历史了。但是,现代意义上的连锁经营只是近代100多年的事情。

2.覆盖领域。特许经营在第一、第二、第三产业全有。连锁经营只覆盖第三产业,包括零售业和服务业。

3.发展水平。在第三产业里,特许经营是连锁经营发展的高级阶段。

4.与时俱进。特许经营已经进入到了我首倡的"大特许"阶段,融合了新老模式及现代科技、现代特许经营理念等。连锁经营在操作模式上还是更多地停留在老概念上。

5.未来趋势。未来,特许经营或许是所有商业模式的主流,连锁经营只是其中一种表现形式。

6.法律法规。在国内,特许经营有专门的"一条两法",即行政法规《商业特许经营管理条例》《商业特许经营备案管理办法》《商业特许经营信息披露管理办法》;连锁经营没有专门的全国性的法律法规。

7.复制资源。特许经营包括单资源特许、组合资源特许和全部资源特许,特许经营和复制的内容不局限于传统意义上的门店。连锁经营通常指的是门店的统一化或复制。

8.合同。特许经营的特许人和受许人签订的是一系列合同,包括主合同与辅助合同。直营连锁的门店和总部之间通常没有合作合同。

4.2 姓名可以特许经营吗

我曾经无数次地讲过,任何资源均可特许,包括有形和无形的单个、组合或全部的资源。那么,问题来了,姓名可以特许经营吗?当然可以。

姓名，尤其是名人的姓名是一种宝贵的资源，可以通过特许经营的方式使之变成产品或服务的品牌或品牌的附属，从而实现扩大知名度、增强产品或服务的信任感、带动粉丝经济等卓越效果；同时，授权方或者名人本身也可以从中获得巨大的特许权收益。

欧美地区的名人在21世纪初开始涉猎"跨圈"的生意经，其早期相当流行一劳永逸的特许经营授权形式。比如，将姓名作为IP出售给各大香氛公司，由这些公司借由名人的加持，通过自己的研发和渠道优势快速推出和贩售产品。Paris Hilton、Mariah Carey和"小甜甜"Britney Spears等众多名人都曾以这种合作方式推出过风靡全球的香水香氛产品。对于他们而言，这是最省力的一种赚钱方式。

4.3　什么是特许经营

特许经营是一门独立的学科，兴起于1865年的美国胜家缝纫机公司，盛大于麦当劳、肯德基等，流行于当代每个行业。

特许经营是研究组织、个人等特许权运动规律的经济、管理学科。

在经济领域的特许经营是唯一的一种把所有的老商业模式（经销、代理、直销、包销及分公司等）、新商业模式（电商、新零售、众筹、跨界、直播等）及现代科技（VR、AI、云、大数据等）、现代经营管理理念（"大特许""特许经营+""实体店+"、定量模型、股权等）融合为一体的21世纪最主流的商业模式。

在第一产业，比如你可以不必自己去种植养殖，而是采用轻资产的方式让加盟商出钱、出人、出场地、出资源等去种植养殖。

在第二产业，比如你可以采用OEM、代工、外包等方式实现轻资产、柔性化、快捷化的运作。

在第三产业，比如麦当劳、肯德基、7-11、星巴克、海澜之家、李宁、绝味等。

换句话讲，任何资源均可单件、组合或全部打包特许。

我曾经讲过：如果把特许经营从一种超级的营销渠道上升到超级的商业模式，再上升到思维和智慧的话，你会发现特许经营无所不在、无所不能。

4.4 "简单化"的不只是制度、流程

特许经营的经典原则3S中的其中一个S是"简单化"。此"简单化"的对象不只是指企业的制度、流程等，还包括许多应简洁、简约、简捷式的简单而非复杂、晦涩并因此能减少成本费用、提高效率、便于记忆复制并执行的方面，比如会议、汇报、洽谈、方案、包装、定位、战略、装修、手册、盈利模式、营销促销、卖点、LOGO、品类、支付等。企业但凡有上述一条或几条能在"简单化"上胜于同行，便可因此保持核心竞争力。

实际上，古往今来，没有一个英明的管理者不注重"简单化"的。那些不注重"简单化"的人通常都是不受欢迎的人或需要为之付出代价的。

新浪博主"闲情偶记"曾载有这样一件事情。洪武八年十二月，刑部侍郎茹太素上书朱元璋。朱元璋令中书郎王敏读之。王敏读至一万六千三百五十字，朱元璋尚不知茹太素所陈为何，大怒，说"虚词失实，巧文乱真，朕甚厌之"。下诏痛打茹太素。这就是不注重"简单化"的人的下场。

4.5 一个产品如何做特许经营

如果只有一个产品，也能做特许经营吗？当然。其实，早在1865年，近代特许经营的鼻祖胜家缝纫机公司就是因为一个缝纫机而开始了特许经营之路的，并且因此在制造业掀起了特许经营的流行热潮。然后，特许经营模式才开始迅速燎原到了第三产业及更多的领域并盛行于全世界。

正因为特许经营有胜家这样一段起源故事，所以我于十多年前把特许经营提升到商业模式并更进一步提升到一种思维方式。当时，几乎所有人都认

为特许经营的本质就是一种渠道，或者说，特许经营就是一种销售产品的绝佳方式。事实上是这样吗？没错。国际特许经营协会（IFA）关于特许经营定义的第一句话就是，"特许经营是一种分销产品或服务的方法"。欧洲特许经营联合会关于特许经营定义的第一句话是，"特许经营是一种营销产品和(或)服务和(或)技术的体系"。简单地讲，他们都认可或认为特许经营其实就是一种销售产品或服务的好方法、好渠道。但是，如果你真的只有一种产品（服务或技术）的话，也能像麦当劳、肯德基、7-11、希尔顿那样做出整店复制式的特许经营吗？答案是肯定的，而解决问题的关键是如何设计门店（"点"）或用以做特许经营复制的"特许权"。事实上，如果你掌握了我曾经讲过的一些关于特许经营的知识点并能灵活运用的话，这个问题将不再是问题。下面，我简单阐述一二。

1.一生二，二生三，三生万物。对产品进行品类、价格、式样等方面的扩展，如此，你就可以有"很多"产品而不是单一的产品了。比如谭木匠，虽然起家的时候就是一把梳子，但这些梳子在材料、大小、图案等方面都有不同。如此，"多种多样"的产品就丰富的足以做成一家门店了。

2.明修栈道，暗度陈仓。如果卖35万元一台的干洗机给普通人家，不用想，销售会非常困难。然而，如果开设干洗店并且连锁到百城千店，那么，来购买干洗"服务"而非干洗机的消费者肯定会蜂拥而至，那些购买干洗机的客户就是更愿意或有能力出得起钱的干洗店的受许人了。按现在的时髦话说，这叫从2C变成2B。早在中国宋朝，酒坊经营者就开始四处开设饭店并因此引发了商业特许经营的萌芽。或许，酒坊经营者并不想也不擅长运营饭店，那他们为什么还要开设饭店呢？原因很简单，那个时代的人们买酒的场所只有饭店和酒坊。所以，那个时代的酒坊经营者就通过开设饭店的方式——开拓销售渠道来销售自己的酒。以此类推，卖茶叶的可以开茶馆、卖护肤品的可以开美容院等。

3.除了模式特许，还有产品特许。除了做门店的商业模式特许经营之外，还可以做别的类别的特许经营，比如产品特许。如此，哪怕是单一的产品也可以迅速找到恰当的渠道。从本质上讲，经销、代理、直销等老的渠道模式及微商、电商、合伙人、无人零售等新的渠道模式的本质都是产品特许经营的具体体现而已，只不过原来的实体店变成了别人手中的终端或一台机器设备，又或者是虚拟的点。

4.把服务加进去。比如，虽然你只是销售汽车轮胎的，但你的客户除了购买轮胎之外，一定还需要一些别的服务，仅仅是和轮胎这个单一的产品发生最直接关系的服务就会有轮胎的检测、补胎、换胎、四轮定位、动平衡、充气、清洗、保养……这些服务已经足够你开一个门店并足以让店里的员工很忙了。当然，这还不算快修、简单的汽车美容等关联性的服务。所以，米其林的驰加不只是卖轮胎的，是提供以轮胎为核心的服务的场所。

5.给你的"红花"配些"绿叶"。"红花"指的是你已经有的单一的产品，"绿叶"指的是为配合"红花"的销售而增加的一些辅助的产品或服务。比如，全聚德的创始人本来可能就只擅长烤鸭子，但客人来了之后，不能光吃鸭子啊，客人还可能会需要鸭子之外的别的热菜，甚至会需要凉菜、酒水、主食……如此，一间围绕烤鸭子这个主产品的品类丰富的门店就诞生了。

…………

最后，特别要提醒读者注意3点：一是你未必要以开店的形式销售你的产品或服务，特许经营不一定非得有实体店；二是充分理解我的"大特许"的新思维，比如现在的"店"的概念已经过时，你应该做的是"点"，它包括传统的实体门店、现代的虚拟门店及所有网络上的"节点"；三是只要脑洞大开、打开思维，你一定会找到无数个围绕你的产品或服务"开店"的方法。

4.6　特许&连锁企业升级与创新要认真衡量、合理抉择

外在环境和企业内部环境都在不断变化，所以，与时俱进地升级与创新是包括连锁企业在内的所有企业可持续发展的必经途径，一味地"啃老"必定失败。然而，升级与创新也是很有"技术含量"的工作。至少，你得知道

升级与创新的对象、频率等。

1.升级与创新的对象。原则上或理论上，企业的有形和无形的几乎每个方面都可以（应该）升级与创新。但是，在实践中，企业的升级与创新的对象应优先集中于和消费者最相关、最能增加消费者的存量与增量的吸引力方面，比如门店的环境、产品、服务、团队运营管理方法、营销手段、商业模式等。除此之外，在选择升级与创新的对象时，特许人还应考虑的因素包括升级与创新是否能增强企业的竞争力、是否能构建更新的竞争壁垒、是否适应新时代的消费者，企业自身的包括资金、人力等资源能力是否足够支撑升级与创新，升级与创新是否是可有可无的，和企业的战略是否一致，竞争者的行动趋势，等等。

企业应该给自己的升级与创新的对象列出一个有轻重缓急顺序的表格。

2.升级与创新的频率。不同的对象，其对应的升级与创新的频率应有所不同。

①可以高频率升级与创新的对象。对于那些直接影响销售业绩及竞争者们不断变换的领域，特许人可以或应该高频率地升级与创新，比如产品（包括式样、功能、价格、包装等）、服务技能、运营管理方法、营销手段、商业模式等。

②不能高频率升级与创新的对象。比如，门店的地址标准、装修风格、大型机器设备、主营业务、核心理念等需要较大成本或较长时间才能完成或新模式会承受一定市场检验风险的方面，升级与创新的频率不能过高。

特许人在升级与创新与否的夹缝决策中必须认真衡量，要在被迫跟风与主动更新之间合理抉择。

4.7　特许经营企业的名称指数

星巴克指数，指的是星巴克门店数量已经成为衡量一个地区商业与消费活跃程度的指标，它反映该地区的商业前途及竞争力。通常，一个地区的星巴克门店数量越多，该地区的商业前景和竞争力越强。另外，星巴克的门店数量还可以用来衡量一个国家或地区受金融危机伤害的程度。通常，一个国家或地区的星巴克门店数量越多，受金融危机伤害的程度就越高。

巨无霸指数，指的是用麦当劳销售的"巨无霸"汉堡来进行国家的购买力平价，把麦当劳的"巨无霸"看作全球等价物，而各国对它的定价则反映出该国货币对美元的强弱。比如，"巨无霸"在俄罗斯售价约合2美元，而其在美国售价为5.74美元，欧元区购买"巨无霸"要比美国本土"便宜"17%，瑞士法郎的"巨无霸"价格比美国本土贵14%。

4.8 特许经营总部应选在哪个城市

总部选址很重要吗？是的，"天时、地利、人和"之"地利"说的就是地理位置对于事业成功是有重大影响的。很多特许、连锁企业的产品、模式等非常优秀，但因为总部选址不当导致企业发展停滞甚至崩盘，这不得不说是非常遗憾的事情。而有的企业自从搬迁总部之后，企业便得到了迅速的大发展。

特许经营总部在选址时应考虑的因素如下所述。

1.能否招聘到适合特许经营体系层次与规模的人才。比如，当有几百家门店时，企业总部就需要一大批高层次、高学历的人才，而这些"两高型"人才多数在大城市。所以，企业的总部应选在一线城市或省会城市落址。

2.是否是行业集聚地。很多地方已经或渐渐具有行业集聚的特点。比如，顺德一个镇就集聚了数千家家具企业，监控安防类企业集聚在深圳，宜宾曾是中国女鞋之都，重庆的火锅连锁数量在中国首屈一指，东莞汇聚了大批服装企业，等等。因为大批的同行企业集聚，这些行业集聚地区也就同时成了行业内的人才、信息、产品、技术、资本、物流、研发等的集散中心，企业可以相对容易地在这里找到需要的各类顶级资源。企业的总部或总部的有些部门、职能就可以设在这些行业集聚地区。

3.是否有地方特色标签。比如，总部位于四川的川菜连锁在"感觉"上要比总部在上海的川菜连锁更"正宗"一些。所以，企业选择总部地址应考虑企业给人的"感觉"是否具备一定的地方特色标签。

4.总部是否需要拆分，以分别设在不同地方。比如，可以把总部的行政、运营、招商等中心设在一线城市或省会城市以便招聘到合适的人才，利用大城市的资源并发挥大城市的影响力、辐射力；研发中心设在行业人才集聚区以便及时获取顶级资源；呼叫中心、工厂、养殖基地之类的部门则宜设在用工成本更低的三线、四线、五线城市，等等。

5.是否有合适的物流、交通等条件。如果总部需要不断发货、接待客户等，则总部一定要设在交通发达的地方。否则，糟糕的交通会严重影响企业的发展。事实证明，没有高铁站点、机场的城市通常不适合设立总部。

当然，企业在选择总部地址时，也会考虑到政策优惠、建设家乡的初心情感及成本费用等。但是，无论如何，企业都应该综合考虑多种因素之后进行定性、定量评估来确定总部地址，绝不能凭单一因素就草率定下地址。

4.9 特许经营有多少"体系"

特许经营的体系到底有多少？

按照产权、运营权的组合不同区分，特许经营的体系有三大类：总部体系、区域分部或区域加盟商体系、单店体系。

按照总部对区域、单店的控制功能区分，特许经营的体系可分为两大类：特许经营专有体系（指的是相对于其他商业模式而言，特许经营模式所独有的体系，有5个，分别是招商、授权、营建、培训、督导），以及其他商业模式也具备而并非特许经营模式专有的体系（包括市场、企划、人力、财务、法律、物流、IT信息系统、营销、研发、电商、基地或工厂等）。

从产业价值链角度来说，特许经营的体系可分为三大类：特许人体系，加盟商体系，第三方体系（指的是为特许人、加盟商提供各类资源服务的组织与个人）。

4.10 战略要细化到什么程度

对于特许经营企业而言，战略的要求是写出至少总部的32项、单店的18项的原则、要点和方向。那么，这个"原则、要点、方向"细化到什么程度呢？

战略制定之后，负责后续各项工作的人员只要按照既定的战略内容去细化、完善并落实具体的工作内容即可，不用再和制定战略的人沟通、讨论、确认具体工作的关键点。下面，我们以单店战略的其中一项"营建战略"为例来说明。

按照时间的顺序，营建的全流程和关键节点通常是市场调查、商圈分析、选址、装修、办证、设备进场、打扫卫生、产品陈列、试营业、开业仪式、正式开业。所以，后续工作的关键点包括上述工作谁负责及谁具体执行。如店址有无独特要求，特许人是只给加盟商效果图还是给其设计出装修图甚至直接承包装修工作，设备进场后的安装是由厂家负责还是特许人负责，产品陈列由加盟商说了算还是由特许人派人指导工作，产品、设备、工具、仪器等由特许人统买统配还是特许人指定供应商或是特许人制定标准而由加盟商自行购买，试营业的业务范围和消费对象及注意事项，开业仪式有无独特性，允许正式开业的认定标准等。其余的诸如选址谈判、装修施工、办证的流程和需要提供的文件、陈列的流程、开业仪式的大致流程和内容等则属于通用类，或者说，每个企业都差不多。因此，战略的"原则、要点、方向"的细化程度便是把前面的关键点描述清楚即可。

4.11 有很多终端消费者资源，如何开发利用

有很多终端消费者资源，如何开发利用？有上、下两策。

下策，直接介绍或代理对应产品或服务给消费者，赚中介费，操作简单，但不会做大，而且易被厂商过河拆桥。

上策，选优秀产品或服务，自己做对应消费者群的品牌连锁店或特许经营性的平台（线上线下一体式），操作较难，但自己可牢牢掌控渠道体系，易于做大做强做久。

4.12 如何实施企业的特许经营

如何实施企业的特许经营？方法很多。比如，把业务进行工作分解（WBS法）。假设按时间顺序或流程可把业务分解为A、B、C、D、E等，可以根据需要等实际情况，把上述的A、B、C、D、E等分别以单个、组合或整体形式特许出去。再如，把产品、技术分类，然后分别以单个、组合或整体形式特许出去。

4.13 直营和加盟的转换节奏

下面，我们以星巴克、麦当劳等为例说明直营和加盟的转换节奏。

对于星巴克而言，其进入某个地区的常见战略就是：先加盟测试或探路，然后变为直营，再之后保持直营和加盟大致6∶4的比例。

麦当劳在中国市场则是先全部直营，然后小规模加盟，再之后就是逐步加大加盟的比例，直至全部采取加盟的方式把经营权出让给一家中国公司。

小肥羊在小规模的直营之后，大力发展加盟商；有了市场和资金之后，又大量"砍掉"加盟发展直营，最后全部打包卖给外企。

…………

路径和转换不同，须根据企业实际情况做出具体选择。

4.14 "double（双倍、双重）原则"是什么意思

我在2003年撰写特许经营教材的时候提出了"double（双倍、双重）原则"，那么，它是什么意思呢？它指的是特许人做了特许经营之后，产品除了

原来的有形产品或无形服务之外，又增加了新的一类"产品"，叫"特许权"。随之而来的，你的消费者、竞争者、管理、营销、广告宣传等也同样增加了一类，从原来的单类变成了double。那么，这个概念的应用或意义有多大呢？下面，我仅举一个小例子来说明。很多计划做特许经营的人在设计最初的起家样板店时，通常只是单线的思维而非double。比如，你把店面设计得非常漂亮，可能生意很不错。然而，因为缺乏double的思维方式，没有考虑到特殊的"产品"——特许权及随之而来的特殊的"消费者"——加盟商等，所以，你的设计其实是有非常严重或致命的缺陷的，比如你的门店设计无法复制，最终会导致特许经营扩张失败。所以，在一开始起步的时候，包括你的门店设计的所有工作都应该严格遵循double的原则，既要考虑到门店销售的产品或服务的因素，还要考虑到特许权、加盟商及易复制等因素。

4.15　如何创新商业模式或渠道

如何打破现有传统模式，创新商业模式或渠道呢？基本的指导原则就是我一直强调的3个方法："一抄"，"二仿"，"三创新"。具体怎么做呢？下面简单介绍一下。

1.研究尽可能多的竞争者的模式，然后模仿其中一种模式或糅合几种模式为一种模式。这里的竞争者应包括比你弱小、和你相当、比你强大的同行，甚至可以扩展到非同行领域。他们这些模式是有独到之处的，你需要做的就是把他们苦思冥想创新出的"神通"结合自己的资源特色"抄袭""模仿"和创新。

2.反向思维法。具体操作就是要调研消费者消费产品或服务时，他们是通过什么模式或渠道获得的，或者他们喜欢、希望以什么样的方式或渠道获得产品或服务，这些就是你的设计基础、思路或灵感。

3.分析自己尝试过的模式或渠道的成功案例，找到成功的根源，然后围绕这些根源再开发新模式或渠道。当然，你也可以从失败的案例中找到原因并获得有益启示。

4.把市面上每一种模式或渠道都罗列出来，然后自己设计每种模式或渠道的具体实施细则，或者为每种模式或渠道设计不同的产品或服务。比如，按照产品或服务的名称、品牌、包装、价格、数量等分别对应不同的模式或渠道。最后，从这些结果中选择一种（或者几种）模式或渠道。

4.16　特许经营战略什么时候做最合适

特许经营战略什么时候做最合适？最佳的时间点应该是当你有一个特许经营或连锁经营的设想时，在开设第一家样板店之前，在开始你的产品或服务的实际市场测试之前，就应该做特许经营的战略。有了战略的指导，之后的实际试运营、测试、提炼、修正、完善等工作才有明确的方向，所有工作才能围绕战略这个中心进行，事业发展起来才可以事半功倍、成本更低、效果更好。反之，有可能一切都得重来。

比如，为了做特许经营，你的第一家门店就要以连锁的要求、可复制的要求、特许的要求去做。否则，等将来想做连锁的时候才猛然发现这个起家的门店的很多方面其实不具备可复制的特性，也就是说门店的有形和无形、硬件和软件等许多方面无法复制给加盟商。如此，你不得不重新做将来可复制的样板店和重新摸索可复制的经营模式。

实践中的例子很多，如有的店已经开业了还没有进行商标、文字、域名、专利等的注册和保护，有的单店的盈利模式几乎完全依靠创始人的人脉关系这种不可复制的资源，有的店的装修风格和产品（服务）的特性不搭配，有的关键技术完全依靠个人经验或隐性知识而非能让加盟商掌握和运用的简单化的显性知识，等等。所有这些缺乏事先的战略指导的特许经营或连锁经营的初期工作，都会给后期特许经营的备案、招商、展店、复制、手册编制、加盟店成功率等带来了巨大的麻烦甚至是不可挽回的损失。

4.17　菜单式选择特许权

如何既保持整个特许经营体系的统一性，又保持每家门店的本土化和"本店化"呢？可以采用菜单式选择特许权的方法，具体做法如下所述。

企业把特许权的有形、无形部分分别标准化之后编号，比如1～100，我们称这个为特许权内容的菜单。具体到某个单店的时候，该店可以根据自己的实际店址、商圈范围、消费者特点及战略目的等在上述的1～100号之中选择适合自己的，可以少选，但不能超出这个范围选择。选择的时候一定要有总部人员参与，在总部的指导下进行选择。如果有的门店发现自己的产品或服务在1～100号的菜单里没有，应该向总部申报，由总部研究是否采用。如果总部采用的话，那么，就对该种产品或服务进行标准化，然后把该产品或服务加到总部统一的特许权内容菜单里。之后，总部对所有体系内的单店公布新增加的特许权内容菜单，所有单店都可以在新增加的特许权内容菜单里选择是否选用最新的产品或服务。

4.18　缺钱怎么办

有些客户或朋友做事业时总是缺钱，怎么办？试试我的无穷大思维法。

1.现有的直营店努力营销，努力赚钱。

2.招募加盟商，收加盟金等费用，然后"以战养战"、以未来养现在。

3.量力而行，不做超出能力的事情。

4.其他"找"钱办法：给供应商等出让股份、融资、和地址所在的商场采用无租扣点的方式合作、贷款等。

5.把部分经营不好的门店卖出去，做减法。

6.利用所能利用的资源赚点"闲钱"，比如帮别人介绍些资源赚提成等。

7.其他。

4.19 "选择决策"模型

在特许经营与连锁经营企业的实际运营中，需要不断地进行决策，其中一类决策就是"选择决策"，比如特许人需要在不同的商业模式、产品、服务、加盟商、供应商、渠道、店型、店址、商圈、广告商、员工等方面做出选择。即便是加盟商，也会有很多"选择决策"，比如选项目等。

4.20 企业的发展速度问题

很多人都在纠结企业的发展速度问题，答案非常简单，你能看懂关于竹子的故事就明白一切了。

一根毛竹前4年仅仅长了3厘米，但从第五年开始，它以每天30厘的速度疯狂地生长，仅仅用了6周就长到了15米！但是，不少企业都没熬过"最初那3厘米"。

4.21 为什么我一直强调特许经营一定要建"体系"

体系，全面、整体的意思。比如，除了总部要建设一套从市场、企划到招商、授权、营建、培训、物流、督导、研发、电商、人力、财务、物配等法、商、德、情兼备的子体系与职能之外，单店也要建设自己的"体系"，包括单店的人、财、物、信息、运营、营销、导购、意外处理、礼仪、客服等。

上述"体系"任何一个方面的跑冒滴漏都是连锁企业或单店在运营中的不定时炸弹，随时会因内部或外界因素的诱发而给企业带来伤害与损失。更进一步，企业一定要把上述的"体系"以手册的形式总结、提炼、升华并保存下来。如此一来，企业方可平安、稳定、健康、可持续发展。

4.22　要形许，更要神许

复制、克隆的灵魂之一是将特许人商业模式的内涵、诀窍、文化等无形的"特许权"输出给受许人，而绝非简单地让受许人挂个牌子，依旧挂羊头卖狗肉、换汤不换药，后者可能短期使特许人、受许人受益，但长此以往，必使特许人遭受灭顶之灾。这就是我早在2004年写的一篇文章中提到的观点——"特许，要形许，更要神许"。

4.23　几点结论性的常识

与几个连锁企业的企业家交流之后，再次提醒大家几点结论性的常识。

1.加盟与直营各有利弊。

2.按"维华加盟指数(WHFI)"计算，加盟店成功率75%以下的特许经营体系是不及格的。

3.如何搞好与加盟商的关系？其中一个重要的理念是把加盟商当成特许人的"消费者"看待，全程、全面、全员进行关系管理。

4.优秀的特许人必须法、商、德、情四点俱备。

5.单店是否盈利取决于多种因素，不能押宝于选址。

6.标准化、制度化是减少人力、简化管理、节约成本、让体系良性有序自动运转的有效手段。

7.总部派员驻店应分免费、低收费、高收费3类，因时而变。

8.加盟商对总部的过度依赖对特许双方都是伤害。

9.特许人对加盟商扶持的正确做法应该是领进门、扶上马、送一程、保终生，是帮、教、督促对方做，而非替对方做。

10.对加盟商的培训须有严格考核，加盟店所有员工须持总部考核合格后的上岗证方可上岗。

4.24 为什么要做PESTN分析

构建特许经营体系的市场调研之宏观环境PESTN法非常重要，却被多数企业忽视。为什么要做PESTN分析？主要目的至少有两个：利用和规避。比如对于"P"（法律法规和政策）而言，企业调研的目的是寻找法律法规和政策中对于企业有利的地方加以应用，同时寻找对于企业不利的地方加以规避。

4.25 搜索引擎的秘密

使用不同搜索引擎，我认真研究后发现：对于连锁行业而言，网络上的新闻(含软文)提到最多的是超市和便利店，招商硬软广告提到最多的是洗衣店，其次是餐饮，第三名是美容和化妆品类。所以，上述行业的特许经营"盟主们"要加大网络信息曝光度，不然很容易被铺天盖地的竞争者的信息淹没。

5 关于手册

5.1 《单店突发事件处理手册》的附件应包括什么

《单店突发事件处理手册》除了列出单店经营过程中常见的突发事件及应对策略以外,最后应该有个附件,附件里应是单店必知的联系人及其电话等信息。

比如,匪警110,火警119……

比如,店长及其电话等信息,加盟商及其电话等信息……

比如,总部相关部门及其电话等信息……

比如,供电公司、自来水公司等公司及其电话等信息。

比如,物业公司等公司及其电话等信息。

5.2 手册的阅读者只是特许人、受许人吗

首先,我们要把"阅读"这个词换掉,因为手册的形式或载体包括纸质文本、音频、视频、软件系统等,所以,应该是阅读或观看、收听(使用)手册。

其次,手册的受众至少有5类人。①特许人员工。比如总部的《人力资源管理手册》《财务管理手册》等关于总部职能之类的手册。②受许人及其员工。比如《单店礼仪手册》《店长手册》《单店技术手册》等关于单店运营之类的手册。③潜在受许人或社会大众。比如《加盟指南》《信息披露手册》之类的手册。④准受许人,就是签了《加盟意向书》但还没签订最终《特许经营合同》的个人或组织。比如《单店选址手册》之类的手册。⑤行业主管部门的工作人员。比如《备案手册》之类的手册。

5.3 手册只是一个文件吗

很多人对特许经营手册有误解,比如大多数人都认为手册只是一个文件。其实,有的特许经营手册并不只是一个文件。举个例子,《企业介绍手册》应

该包括至少一个Word版本的文件、一个PPT版本的文件、一段视频及一个含有文本、视频、音频、照片等形式文件的文件夹。下面，我们以《企业介绍手册》为例，详细阐述一下为什么说手册不只是一个文件的原因。

首先，大家要明白《企业介绍手册》编制时的3个原则，如下所述。

1.尽量放"毛材料"。比如，企业介绍、高管介绍、企业成长大事记等内容，编制者应提供内容尽可能多的"毛材料"。如此，才能方便他人根据自己的特殊需要从这个"毛材料"里"截取"自己需要的部分，比如他人可以从这个"毛材料"手册里"截取"或短或长的内容，有可能是广告里的寥寥几十字的企业介绍，也有可能是企业传记里较长篇幅的企业介绍等。

2.冗余，指的是编制者在收集所有关于企业的历史、名称、荣誉、媒体报道、高管介绍、企业基本情况、产品、服务、门店的信息情况、组织架构等企业信息时，材料要多多益善，不要无理由地压缩，应以冗余为原则。如此，大量的冗余信息才能把企业的宝贵资料最大化地保存下来，后面需要从此手册里"截取"内容的人才可能找到更多自己需要的信息。

3.千万别遗漏。《企业介绍手册》是一个关于企业情况的档案集，所以，手册编制者应仔细收集整理企业昨天、今天、明天及人财物、产供销等各个方面的信息。当然，有的信息因为有别的手册存在，可以在这个手册里省略，用类似于"详细内容参见《××××手册》"的话语表述即可。

其次，《企业介绍手册》的具体形式应包含如下所述的内容。

1.Word版本。把企业的所有信息都放在这个文件里，但一些大的文件（比如视频、照片、图像等）在这个文件里只用更小的缩略图表述，大的原图、原视频等存放在原图、原视频的文件夹里。否则，Word文件的打开、保存和修改速度会非常慢，影响工作效率。

2.把上述的Word版本变成精美的压缩版本的PPT文件。PPT文件的长度和大小按照演讲者正常速度演讲半小时的标准制作。

3.视频。这个视频同样是压缩版的《企业介绍手册》，按需要做成两个长度版本的，一种是3～5分钟时长的，用于在网络上传播和会议开始时播放；

一种是30分钟时长的，用于详细地播放给需要了解《企业介绍手册》内容的客户、员工等人。至于别的情况需要的不同长度的视频，可以在上面的基础上进行剪辑加工。

4.文件夹。这个文件夹就是原图、原视频的文件夹，用于存放不宜放在Word文件里但又必须是以更大尺寸保留以用于后面可能的制图、喷绘等工作时需要的文件，比如营业执照、商标许可证、专利证明、荣誉牌匾、媒体报道、历史事件照片等的照片、扫描件、视频、音频等。当然，对应的实物原件也要妥善保存。

5.4　编制手册的意义没那么简单

手册的编制其实是对企业的产品、技术、服务、人财物、经营管理等方方面面信息的一次梳理，一次过往管理精华的提炼，一次企业文化的塑造过程，一场边编制、边落地检验、边提升为标准化的大工程……绝对不是一次文字游戏、一场纸上谈兵、一次回忆、一场做给别人看的游戏。

5.5　企业自己开列的特许经营手册名录的问题所在

有不少企业在寻求我们的顾问咨询帮助时，会直接开列几本手册，希望我们来编制。实际上，客户对于手册的理解多数都是有严重偏差的，比如说不全面、不按顺序等。

不全面指的是企业认为应该编制的手册可能并不是企业真的需要编制的手册的全部，通常会漏掉很多。

不按顺序指的是手册的编制是有先后顺序的。比如要先有商业模式、战略、企业介绍、MI等的手册的编制，再按照盈利模式、单店、总部、分部、整体框架、特许权等的顺序来依次编制其他手册。如果没有前面部分手册的编制，后面部分的手册是无法编制出来的。

6

加盟商创业者需要了解的知识

6 加盟商创业者需要了解的知识

6.1 加盟什么样的品牌可以成功创业

大家都知道"男怕选错行""选择大于努力"等话语背后的道理，所以，创业者采取加盟的方式创业时都会遇到一个很纠结的问题——选择哪个品牌加盟好呢？简单而言，通常需要思考如下3个方面的问题。

1.从自己的角度出发。你选择的行业和品牌必须至少符合3个顺序的属性：喜欢、擅长和有市场。

首先就是喜欢。有人讲"兴趣是成功之母"。诚然，做喜欢的事情才可能专注和投入，才最有可能取得最大化的成功。创业是非常辛苦的，如果你选择的行业和品牌是自己喜欢的，那么，你就能很好地把事业和生活融合起来，把工作也当成是一种享受。其次，你选择的领域一定是你擅长的。如果你不擅长，就意味着在竞争先机上已经落于人后，如此创业的失败率是非常高的。最后，你意欲加盟创业的品牌一定是有市场的，要考虑现在的市场容量、未来的增长率等问题。创业一定要有经济效益，如果你的喜欢和擅长不能为你带来经济效益的话，那么，这种喜欢和擅长只能是业余爱好，而不能作为创业的选择依据。

2.从特许人的角度出发。鉴于目前国内特许经营市场上的"盟主"依旧良莠不齐，加盟欺诈和欺骗现象依旧非常严重，所以，你要务必谨慎选择特许人，从特许人的法、商、德、情四个方面进行考察。

法者，主要是看这个特许人是否具有法律意义上的资格和行为，包括是否在商务部门备案、是否在30天的冷静期之前给你做按规定的信息披露、是否履行了法规规定的义务等。

商者，主要是看这个特许人是否拥有盈利的直营店，盈利的直营店的硬技术和软技术等是否提炼成了诸如手册之类的显性知识，这些显性知识是否能够复制到不同地区的不同加盟店并能盈利，静态和动态的特许权是否标准化和规范化，是否有强大科学的特许经营体系和支持团队，等等。具体的要求有32条，有兴趣的读者可以阅读学习我其他的著作。

德者，主要是看这个特许人是否具备良好的企业伦理道德、政治伦理道德等。如果特许人有破坏环境、浪费资源、出卖国家利益、到处抄袭等恶劣犯罪行为，那么，这样的特许经营是坚决不能加盟的。

情者，主要是看这个特许人是否具有人情味。因为再完美的合同也无法覆盖所有权利义务的方方面面，所以，在合同没有约束到的地方，如果特许人能本着双赢目的把加盟商当成兄弟朋友帮助或当成消费者来服务、不会揪着小错不放、经常设身处地地从加盟商利益角度考虑和行动，那么，这样的特许经营项目才是值得加盟的。

上述的法、商、德、情四个方面必须同时具备，理想的特许经营项目是缺一而不可的。

3.从双方的角度出发。俗话说，"强扭的瓜不甜"。加盟商选择项目时有加盟商的标准，特许人招募加盟商时有特许人的加盟条件，所以，一次成功的加盟一定是双方互相谨慎选择后的联姻，绝对不能是一厢情愿。

如果你能仔细考虑和分析上述的3个方面的问题，再加上我研发的"成功加盟九步法"的话，相信会有极大的概率实现你的财富和事业梦想的。

6.2　你是否适合做加盟商

众所周知，大多数情况下，加盟的成功率、风险、成功速度、成本回收期等方面远比独立创业有优势。除此之外，加盟还有很多独立创业不具备的优势，比如你直接获得了优秀的供应链、研发技术和团队支持，你直接受益于特许人和其余加盟商们所做的广告宣传，等等。然而，加盟这个极具诱惑力的创业方式并不适合所有人。

在决定采用加盟的方式实现自己的创业梦之前，你必须得借助如下的分析以确定自己是否适合做一个成功的或者合格的加盟商。

首先，你得明白加盟商是雇主和雇员之外的第三种职业生涯，兼具雇主和雇员的部分特点。比如，在雇主属性方面，加盟商是一个独立的雇主或企业主，就必须像企业主那样学会享受孤独、甘冒风险、牺牲大量家庭时间于工作上等；在雇员属性上，加盟商又必须得听从特许人的统一化管理，加盟商并没有完全的决策自由，或者说可自由决策的空间可能会非常小。

其次，在创业资源上，加盟商需要的资源和独立创业需要的资源有很大的不同。比如在资金上，虽然长期来看，加盟式创业的资金需求通常比独立式创业少，但开业前的一次性投资仍需要加盟商准备较多的资金，因为除了正常的开店费用之外，加盟商还得支付可能为数不低的加盟金、保证金及为最低铺货数量支付的货款费用等。

再次，加盟商必须在心态上最好准备。比如，你努力奋斗得来的营业收入里必须拿出10%左右的比例甚至更多以作为权益金交给特许人，你在经营中的发明、革新等的产权极大可能是归于特许人的，你辛辛苦苦把门店周围的商圈市场打通之后特许人却拒绝加盟续约——你打拼赢得的品牌商誉给特许人做了嫁衣，你经营多年的行业资源因为竞业禁止的条款使得你退盟之后的很多年内都不能再利用，等等。如果上述的事情你都不能接受，那么，你最好不要做加盟商，因为你极有可能在加盟中或之后有拉扯不断的纠纷。

最后，你还得明白，这个世界上所有的事物都具有双面性，即有利有弊，加盟也不例外。除了优势之外，加盟还有很多弊端，比如你必须得遵守特许人的统一化规定，你的本土化和个性化会受到限制，特许人的决策失误会连累你，其余加盟商和直营店的丑闻也可能会使你一损俱损，等等。

总而言之，在准备用加盟的方式走上创业之路前，请你务必对照上面的内容看看自己是否在各方面都做好了充足的准备。

6.3 特许加盟合作中如何处理纠纷

特许经营和别的商业合作形式一样，纠纷是无法避免的事情。大数据显示，国内的特许人和加盟商的纠纷呈现逐渐上升趋势。面对纠纷，加盟商要做到以下几点。

1.保存证据。我一直强调，加盟商应该从第一次接触特许人开始就保存所有洽谈、交易、沟通等的证据，而且最好是文字、文件、录音、视频等证据，以备纠纷发生时使用。

2.首先要沟通。遇到纠纷，加盟商首先要积极和特许人沟通，争取通过沟通解决问题，而不是首先想着采用法律手段。当然，决不应当使用不正当手段。

3.最后，在沟通无效后才启用仲裁或诉讼等法律手段。在沟通失败的情况下，加盟商一定要拿起法律武器维护自己的正当权益。

4.寻求多方支持。比如，加盟商可以寻求媒体和政府相关部门及其余加盟商等的支持。

6.4 加盟店实地考察，11点必知

加盟商在加盟前，需要考察的重要内容之一就是对意向加盟"盟主"或特许人的加盟店进行考察。在考察中，以下11点是需要特别注意的。

1.是否有托儿。尤其是特许人的招商人员带你去考察时或指定时间、地点让你去考察时，千万要小心，因为很有可能"盟主"在你去之前就已经布下了大批的托儿。所以，你看到的门店生意兴隆、消费者交口称赞、加盟商非常满意等情形极有可能都是他们营造出来的虚假现象。

2.查看不同地理位置的门店。对于那些地址位置特别好的门店而言，即便生意再兴隆，如果你将来的门店店址选不到类似的地方的话，那么，这一生意兴隆的结果是不具备复制性的。也就是说，你未来的加盟店不一定能盈利。

3.不同的时间。你去考察门店的时候，一定要在不同的时间段分别考察，绝对不能只看某个时间段内门店的状况。很显然，门店的生意通常都会受到季节及白天夜间、早中晚、工作日和节假日等不同时间段的影响。在门店淡季的时候去考察，或许能得到更真实的调查结果。如果那些门店在淡季的时

候生意都很火爆，那你的加盟选择就可以少些犹豫了；如果在旺季的时候门店的消费状况都一般的话，这样的品牌或企业最好不要轻率加盟，要慎之又慎。

4.实际消费。你最好以突然拜访的陌生顾客的身份实际消费或体验一次，只有这样，你才能对其经营的方方面面有更多的体会。当然，邀请你的不同身份、不同年龄等特征的朋友们分别在不同的时间段、不同的门店去消费体验也是一个非常不错的考察方法。

5.访问消费者。你一定要和要考察门店内的不同消费者交流，听取他们对于该店的好的和不好的意见。

6.访问要考察的门店周边邻居以获得真实信息。要考察门店的邻居店铺通常对该店的实际营业状况非常清楚，所以，拜访并聆听邻居们的判断是个非常有价值的考察方法。

7.门店的每个位置都要看。你要仔细查看门店的每个位置及角落，如果可能的话，尽量包括门店的周边、门前、外观、大厅、加工间、包间、仓库、桌椅、设备、卫生间等。

8.门店的每个方面都要看，包括门店的产品和环境卫生等方面，以及流程的标准化和服务情况等方面，都要仔细查看，并对照这些你实际查看后的结果是否和特许人的招商人员介绍的一样。

9.既看好门店，也看不好的门店。既要查看经营好的门店，也要查看经营不好的门店，然后分析经营好坏的原因究竟是什么。如果经营不好的原因不是因为地址和人员努力不够及刚开业等非特许人的原因，而是产品和品牌及盈利模式等特许人的主要原因的话，那么，这样的特许经营项目要谨慎加盟。

10.老店、新店都要看。通常，由于开业促销和顾客的尝试新鲜的心理等原因，新门店都会遇到开门红的情况，所以，这时的门店经营状况是不能作为日后常态化经营的参考依据的。如果一家门店经营了多年生意依旧火爆，那么，这样的特许经营项目值得加盟的可信度就更高一些。

11.不能只看新人笑,还要看旧人哭。这句话的意思是说,加盟商在考察加盟店的时候,既要查看已有的加盟店,也应查看退出的加盟店并详细了解退出的原因。有时,身在其中的加盟商无法给出有价值的建议或意见,已经退出的加盟商或许能告诉你该特许经营项目的真相。

6.5 特许经营的加盟商如何保护自身权益

1.选择好"盟主"。保护自己的权益要从开始把关,如加盟商要认真地选择一个适合你而不是虽然优秀但不适合你的"盟主"。如果一开始的"盟主"选择错了,作为加盟商的你无论怎么保护自己的权益,都可能要付出不菲的代价且可能依旧保护不了自己的应有权益。根据我的推测,国内很残酷的现状是:备案的"盟主"的比例不到5%,加盟商的成功率也不高。所以,加盟商务必要在选择"盟主"上慎之又慎。

2.签订好合同,履行权利义务。在签订合同这件事情上,切不可快速及图省事,加盟商必须认真、仔细地阅读和确定每一条款,然后通过谈判的方式为自己争取到最大化的利益。在这个阶段,最好有专业的律师或特许经营的专业咨询顾问陪同你帮你把好合同这一关。

3.法、商、德、情同时下手。维护自己的权益需要从法、商、德、情这四个方面同时下手。因为任何合同都可能有漏洞,所以,还需要加盟商从商业角度让特许人感觉到自己的重要性、从企业伦理道德方面以身作则和让人无懈可击、从感情上让特许人认为你是朋友和同路人,等等。

4.保留好所有证据。从你与特许人开始接触的那一刻开始,你就应该尽力保存一切证据,而且尽力让证据可视化,比如文字、照片、录音、视频等。当然,保留证据的目的不是为了秋后算账,而是为了不时之需。

5.确保自己不违法违约。加盟商首先要确保自己不违法违约,然后才能在和特许人发生纠纷时占据上风。

6.6　创业前必须知道的真相

以我20多年来的实践经历看，创业前，你必须知道如下所述的真相。

1.一开始你从事的行业领域未必是你将来能成功的领域。

2.不要奢望第一次创业就成功，首次创业成功的概率极小。

3.坚持或者"熬""扛""硬撑"有时是通向最终成功的必备精神。

4.一般而言，希望朝九晚五8小时工作制的人不适合创业或者说做企业主。

6.7　创业者的体会

创业者这个独特的职业不但需要有较高的智商、情商、财商等，还得有钢筋铁骨般的肉体，以及常人欠缺的百折不挠的心理素质。

很多词语都描述过创业者各种独特的心理素质。比如，"守得云开见月明"，一个"守"字就点出了创业者必须具备忍耐、坚持和"死扛"的精神，"守"字背后有多少眼泪和委屈，只有当事人自己知道。再如，"柳暗花明又一村"，一个"又"字就点出了创业者在创业过程中的苦苦乐乐，因为总有希望和追求，所以总能不断地在"快死"的道路上依稀看到或逼自己想象着那个"村"；然而，在"又"之前，你必须得承受可能非常痛苦和煎熬的"柳暗"及此"村"之后的下一个"又"字。

7

对于特许经营的宏观认识

7 对于特许经营的宏观认识

7.1 国内有多少家特许经营企业

国内现在有多少家特许经营企业？准确的数字无据可查，所以，我们只能通过一些计算方法粗略估算国内现在有多少家特许经营企业。

比如我们以秦皇岛市为例来估算，相关报道显示，该市实际有特许经营企业300多家，实际备案仅13家，备案数量占全部企业数量的4.3%。因为秦皇岛市的GDP在河北省属于尾部不发达行列，全国范围内按GDP排列，河北省也是尾部不发达省份，由此可推断秦皇岛市在特许经营领域是不发达的，再结合商务部的统计数据——河北省的备案特许经营企业数量也没有进入全国省份排名的前十名，所以，我们可以粗略推断出国内的平均备案特许经营企业数量应该低于1.5%。

以1.5%的比例推算，2020年5月底在商务部备案的特许经营企业有5665家，以此估算出国内实际做特许经营的企业应该不少于37万家。

7.2 国内做好零售必知23事

现今，如果想在国内做好零售，你必须得知道如下的23件事情。

1.餐饮是吸引人气的标配。所以，才有餐饮零售化、零售餐饮化之说。

2.大门店只适合三线、四线城市或一线、二线城市的城郊结合处。为什么？房租、人力、原材料等成本所致。

3.小型的社区门店必"火"，而且一定是趋势。

4.低价永远都是法宝。当然，前提条件是品质要好。

5.如果非得在门店遍布的广度和集中性的密度之间二选一，你一定要选择后者。或者说，区域之王更容易胜利，大撒网的战略不如墨渍战略。

6.自有品牌是必须要做的，而且也可能是你利润的最主要来源甚至是唯一来源。

7.哪怕你再"羡慕嫉妒恨"，也得和腾讯或阿里巴巴中的至少一个合作。

8. 生鲜成为实体门店与网店等虚拟门店的最前沿的"决杀阵地"。

9. "前置仓+送货到家"有可能成为下一代零售的潮流。

10. "后置加工+外卖、外送"将促生大量的"外送""外卖"的加盟商。

11. 越来越多的门店会变为"提货点"。

12. 线上红利减少，线下红利回升，做实体店的读者们，你们的机会来了。

13. 门店将成为高科技显示最多的地方之一。

14. 饿了么、美团等平台高昂的抽成费势必会败给新型的抽成费更低的平台，除非饿了么、美团等自己降低抽成费或改变平台的盈利来源。

15. 融合所有老模式、新模式和科技及现代经营理念的"大特许"将是做零售"活下去、活得好、活得久"的唯一选择。

16. 与虚拟门店相比，实体门店的法宝其实有很多，比如地产升值、精准客流量、体验、回归本真的社交、即时性、展示卫生等安全性、减少退换货率等。

17. 物流、供应链，尤其是其中的保鲜性、速度、成本和顾客的随时链接是电商正在急剧改善的方面。

18. 供应商的关系管理重要性和顾客关系管理的重要性越来越接近。

19. 粉丝经济已经从娱乐圈、电商社交圈迅速地进入了企业，和会员制正在加速融合和转化、升级。

20. 买手制必将盛行于零售业甚至是服务业。

21. 炫耀SKU很多的门店日趋颓势，简单、简洁但很精致的少量SKU的门店正在走向价格、利润、营业收入三同涨的路上。

22. 和门店的发展趋势一样，产品本身的趋势也在两极分化：要么是小量的个人或旅行装，要么是全家桶式的大包装。

23. 服务业的门店装修风格日趋雅致，零售业的装修风格——貌似不装修。

7.3 备案企业大数据给出的启示

据商务部数据，截至2018年7月23日，在商务部备案的特许经营企业是

4020家，备案企业的数量和增长速度都有提升。

1. 跨省特许的企业占69%，说明国内还有相当一部分的特许经营企业属于省内的地方品牌，跨省甚至跨国经营、提升格局和高度、放眼更大市场成为国内特许企业需要迅速补上的一课。

2. 所有备案企业的平均加盟店数量为47家，其中60%以上的特许人加盟店数量不足10家，说明国内的特许经营企业整体规模严重偏小，构建完善的特许经营体系、快速招商成为企业发展的瓶颈。

3. 商标已申报未获准注册、企业标志未申请商标注册的企业占比24%，说明国内企业的商标保护意识还处于较弱水平。

4. 拥有专利的企业只有不到6%的比例，说明国内特许人的知识产权意识、技术研发水平都不强。

5. 零售业和餐饮业占比67%，说明特许经营在国内其他行业还有很大发展空间，特许经营适用于所有行业的意识需要普及。

6. 北京、上海、广东、重庆的备案企业占比为48%，说明特许经营实际发展中各地严重不均衡，同时也说明经济发达与否和特许经营发达与否呈正相关关系。

7.4 特许经营与工业的相通性

早在2002年创立"特许经营学"时，我就明确指出："特许经营学"的核心就是"特许权"。

正如工业一样，"特许权"这种特殊产品的设计、生产、销售、供应、售后等依次的流水线工序组成了特许经营商业模式的全部本质。其中的"设计"类似于战略规划与定位，"生产"类似于标准化，"销售"类似于招商，"供应"类似于输出（即复制），"售后"类似于督导、客服等。

万物同理，通一知百。

8

特许经营认识误区纠正

8.1 特许经营与连锁经营常见误区

在特许经营与连锁经营领域，大多数人认为的理所当然的事情其实都是错误的。

1.错误：连锁经营包含特许经营，特许经营是连锁经营的一种。

正确：特许经营适用和存在于所有产业，而连锁经营只存在于第三产业。

2.错误：店……

正确：这个时代早已是含有至少三大类、几十项具体形式的"点"时代，"店"的时代早已过去。

3.错误：标准化就是SOP。

正确：标准化包含3部分，第一部分是SOP（动态的流程）；第二部分是静态的呈现（比如装修、服装等）；第三部分是标准化的约束，比如费用等。

4.错误：写手册。

正确：手册是"编制"的，不是"写"的。手册的具体形式有文本、图片、音频、视频等，如此，有的手册能"写"吗？

5.错误：全渠道、双轨制、新连锁等。

正确：特许经营和连锁经营的时代发展IP依次是：渠道、商业模式、"特许经营+""大特许"……生搬硬套、牵强附会的诸如"全渠道""双轨制""新连锁"等片面和狭隘的词汇会对企业造成严重的误导。

6.错误：加盟费。

正确：没有"加盟费"一说，只有特许经营费用。特许经营费用包含三大类，分别是加盟金、持续费（权益金、管理费、特许权使用费，市场推广及广告基金）、其他费用（保证金、培训费等）。

7.错误：加盟金分别是5.8万元、6.8万元……

正确：特许经营费用不是拍脑袋拍出来的，应该用模型、公式和算法精确地计算出来。其实我已经开发出了至少9种不同的计算方法、模型。

8.错误：特许人和加盟商签的是加盟合同。

正确：特许经营合同是一系列合同。主合同是加盟合同；辅助合同包括商标许可协议、培训协议、保证金协议、软件许可协议等。

9.错误：连锁店分为直营店、加盟店两类。

正确：按照我开发的两权分离、三权组合的模型，连锁体系的单店至少有直营店、加盟店、托管店、合作店、理财店等16种形式。

10.错误：招商的主要手段就是打广告、参加展会。

正确：招商的主要常用手段至少包括39种，实际上是有无数种的，而打广告、参加展会只是其中的两种而已。

11.错误：众筹是最好的商业模式；微商是最好的商业模式；社群营销是时下之主流；没有电商，没有生意；跨界是最好的商业模式；等等。

正确：上述商业模式都不错，但都只是盲人摸象，真正、全貌的商业模式及其主流、灵魂和骨干只有一个，那就是"大特许"，即融合万千模式于一体、广泛采用现代科技工具、基于现代管理科学不断与时俱进的"大特许"。

12.错误：加盟不如直营好控制，加盟不如直营好赚钱……

正确：事实恰好与上述认识完全相反，当你不懂真正的特许经营与连锁经营"战法"时，自然会产生各种各样的错误认知。

…………

8.2 大店小店的采购与进货的标准或依据是面积吗

特许经营或连锁经营企业在计划大店小店的采购与进货的标准或依据时，经常采用的标准或依据是门店面积。这其实是完全错误的。

为什么？因为门店的功能主要是服务顾客，所以划分采购与进货的标准或依据不是整店的面积，而应该是核心服务单元的面积。比如，对于美容院、足疗、理发店、餐饮店等服务形态而言，核心服务单元应该是美容床、足疗椅、理发座、餐位等，所以，划分采购与进货的标准或依据应该是有几张美容床、足疗椅及多少个理发座、餐位等。再如，对于超市、水果店等零售业态而言，核心服务单元应该是产品的展示区或陈列区，所以，划分采购与进货的标准或依据应该是产品的展示区或陈列区的面积。

按照核心服务单元面积而非整个门店面积划分采购与进货的标准或依据的好处有很多，比如可以让门店所有者更集中精力于提高核心服务单元的数量并以此扩大门店的实际接待或服务顾客数量、减少非核心服务单元的面积，从而减少门店面积的浪费，提高门店的坪效等。

8.3 关于体育特许

国际上有"体育特许"一说，但没有"体育特许连锁"一词。很简单，并不是所有的体育特许的内容或形式都是"特许连锁"。

"体育特许产品"的定义是：体育特许产品是一个体育组织（授证人）拥有其自己品牌名字、专用标识或与其产品、服务相联系的商标的专利权（特许权），该体育组织通过一种合同的形式，收取其他组织（受许人）一定的费用后而允许该受许组织（受许人）在其生产的产品上使用该体育组织（授证人）的商标或专用标识的权利。

中国政法大学于2016年在全国首创体育产业MBA，也是目前中国唯一拥有学历和学位的体育产业MBA项目，首批学员包括奥运冠军王丽萍等，讲师包括大卫·斯特恩（1984-2014年担任NBA总裁）、布鲁斯·巴克（现任英超切尔西俱乐部主席）、罗伯特·卡夫（NFL新英格兰爱国者、MLS新英格兰革命及吉列体育场企业主）、鲁恩·阿列奇（1968-1986年担任ABC体育总裁，1977-1998年任ABC新闻总裁，共斩获37座艾美奖杯，首个艾美终身成就奖获得者）等。中国政法大学商学院唯一讲授特许经营课程的是笔者。

8.4 一则模仿我讲特许经营的文章错误

看到一则模仿我讲特许经营的文章，在法、商及常识等各个方面均是错误的，为明是非，特此更正。

1.原话：特许人包括企业、体育组织、政府、学校、银行、邮政、社会团体、协会等。

更正：即便不懂特许经营，这种分类方式也是错误的。比如，银行不是企业吗？社会团体和协会不是并列关系。这种分类方式等同于这样：人分为男人、女人和小孩。

2.原话：特许经营双方以企业为多，也叫商业特许经营。

更正："为多"一词严重失实。《商业特许经营管理条例》第三条明确规定，"企业以外的其他单位和个人不得作为特许人从事特许经营活动"。所以，商业特许经营的特许人必须是企业，不能"为多"。

3.原话：从特许人角度来看，特许人只授权给几家特许加盟店，只能说有特许行为，还不能称为特许连锁。只有特许加盟商达到10家以上时才可以称为特许连锁。

更正：①从商业的角度看，只要有特许的行为，商业模式已经是特许经营了，并没有所谓的"只有特许加盟商达到10家以上时才可以称为特许连锁"一说。②从法的角度看，《商业特许经营管理条例》规定，招募一个加盟商即可备案。也就是说，招募一个加盟商并备案成功，法律上已经认可是特许经营了，所谓10家之说完全是毫无根据的臆想。

4.原话：从特许加盟商的角度看，特许经营就是特许加盟。

更正：这话说得莫名其妙，商业模式特许经营的规范说法叫特许经营，不规范的说法是特许、连锁、加盟这3个词的组合。该错误百出的文章中反复地用不同的对于特许经营的称呼，然后非得冠以"从特许加盟商的角度"的称谓，这种思维方式非常诡异和怪异。规范既是人类文明得以延续与发展的基础，也是特许经营得以做强、做长的前提和基础。

5.原话：特许连锁是连锁三大类（直营连锁、特许连锁、自愿连锁）之一。它又分为3类：一类是商标及商品特许经营，如汽车4S店；一类是商业模式特许经营，如肯德基；还有一类叫投资特许连锁，即股东只出钱、不参与经营，到约定时期拿到较高的收益与分红，而特许人（特许总部）派出经营团队负责门店经营，这是中国式特许的典型代表。

更正：①该文所谓的"投资特许连锁"其实只是加盟的一种形式而已，习惯上被称为"托管式特许经营"。按照两权分离、三权组合的原则，商业模式特许经营的分店可以有至少16种组合形式，此文所谓的"投资特许连锁"只是16种组合之一而已。②按照该文的逻辑，"投资特许连锁"属于该文所谓的商业模式特许经营的一种，所以，该文的分类方式就又类似于这样的分类：人分为男人、女人和小孩。

8.5 关于品牌、战略与定位

1.偏颇：先有著名品牌才能特许。

真相：其实，还有另外一种途径——因特许而有著名品牌，特许经营是打造著名品牌的最佳方式之一。

2.错误：你们做体系、手册，我们做品牌。

真相：把品牌与体系割裂开来看待是错误的，因为两者相辅相成、相得益彰且融为一体；否则，互成短板，都做不好。

3.偏颇：定位和战略更重要，体系随后。

真相：其实只是时间上的先后顺序而已，没有重要性的差异，更何况后续的体系与前期的定位与战略可能会与时俱进地互相改变。所以，没有后续体系与手册的实操能力与细节的战略或定位的专家不是无知就是骗子。

4.错误：定位和战略难度更大，体系与手册难度小。

真相：只有根本不懂连锁的人才会有如此"惊人之错"。

5.错误：定位和战略是画出方向，体系只需跟着走即可。

真相：没有考虑到与实操过后续体系、手册的所谓定位与战略，除了加速毁灭企业，没有任何积极意义。

读者切记：只有打造过且有能力打造连锁体系及编制特许经营手册的人才有真正的定位与定战略的能力与资格。

9

关于法律法规

9 关于法律法规

9.1 国内法院审理特许经营类案件的现象分析

我在做近几年国内不同省、自治区、直辖市及不同行业的数千个特许经营的法院审理案件的研究或大数据分析后，发现一些现象，引人深思。

1.除了加盟商起诉特许人外，特许人起诉加盟商的案件也不在少数。这说明被骗的不一定全是加盟商，特许人也可能是受害者。如同家暴一样，虽然多数是女性受害者，但也有男性受害者。

2.不同地区的特许经营行业纠纷不同。比如北京海淀60%的纠纷都是教育业，而杭州最多的纠纷是物流业，山东最多的纠纷是餐饮业。

3.特许经营纠纷最多的地区，也是特许经营最发达的地区，比如北京、上海、广东和山东。尤其是山东，近几年的特许经营纠纷或特许人被以欺诈为名起诉的案件数量逐渐提升。

4.被两个或两个以上的加盟商起诉的特许人占比50%多，而这些被多个加盟商起诉的特许人的50%多竟然人间蒸发、不知去向。这就说明"骗子盟主"是经不住集体起诉的。

5.除了《商业特许经营管理条例》之外，第二个被审判或辩护时引用最高的法律是《中华人民共和国合同法》（2021年1月1日废止）。所以，搞特许经营企业的读者一定要好好学习《中华人民共和国民法典》（2021年1月1日施行）的"第三编合同"部分。

6.起诉特许人的加盟商的50%多是个体户。

7.纠纷案件总数的78%的特许人的加盟期小于3年。

8.30万元以下的小投资的加盟项目占了70%多。加盟店投资比例越高，产生纠纷的可能性越小，超过500万元的加盟商几乎没有纠纷。

9.约3%的被特许人为什么起诉特许人？其目的竟然是因为掌握了特许人的技术和经营秘密后试图另立门户。

9.2 特许经营合同纠纷最常见的类型是哪些

以北京市海淀区人民法院为例，从2013年至2019年3月31日，该法院受理特许经营合同纠纷案件330件。在330件案件中，涉及教育类特许经营合同纠纷共计183件，占比约为55.4%，系最常见的商业服务类型。

除此之外，特许经营合同纠纷涉及的服务类型还包括美容服务（化妆品销售、美容、美甲）、电商、第三方支付平台、理财平台、汽车维修服务、物流服务、餐饮服务、家政服务、母婴用品服务等。

9.3 《中华人民共和国电子商务法》的影响面非常大

通过微信、朋友圈、直播平台、淘宝等销售产品的都要注册登记、依法纳税、开发票、必须持续公示营业执照；京东、淘宝、天猫等平台必须保存你的消费信息至少3年；严禁"刷好评"；擅自删差评可被罚50万元；京东之类的平台必须以显著方式区分自己的产品和其余卖家的产品……

2019年1月1日，《中华人民共和国电子商务法》施行。

《中华人民共和国电子商务法》对于个人代购、"刷"单、大数据"杀熟"、捆绑搭售、微商、朋友圈销售等都做了规定。这些规定对国内的特许经营与连锁经营企业产生了重大影响，因为"大特许""实体店+"已经成为国内主流的商业模式之一，电商是其中的重要组成部分之一。所以，连锁与特许的企业必须认真学习《中华人民共和国电子商务法》并立即对自己的商业模式进行修改与完善。

9.4 《上海市消费者权益保护条例》部分内容解读

2015年3月15日施行的《上海市消费者权益保护条例》针对特许经营做出专门规定。

一是要求以加盟形式从事商业特许经营的经营者，应当同时标明特许人和被特许人的真实名称和标记，标明经营者名称的位置、字体、颜色等应当便于识别、查询。

二是要求商业特许经营的特许人（也就是品牌授权方），应当在与被特许人订立的合同中明确商品或者服务的质量要求和保证措施、消费者权益保护和赔偿责任承担等内容，并且应对被特许人的经营活动加强指导、监督。

三是要求被特许人应当向消费者明示商业特许经营合同中明确的消费者权益保护和赔偿责任承担等内容。

9.5 对特许人的几点提醒

1.个体工商户没有资格做特许经营。
2.没有备案的企业可能导致其和加盟商签订的加盟合同无效。
3.加盟商签订完加盟合同后有权利在一定期限内"单方面解除合同"。
4.除非"盟主"有足够证据，否则加盟店内的经营事故，"盟主"应负有责任。

9.6 特许经营合同有哪些特点

与其他商业合同相比，特许经营合同通常具备如下一些特点。

1.格式化。虽然合同的内容可以部分修改，但特许经营合同总的趋势是格式化，亦即加盟商可修改的余地很小。其原因主要是为了分布很广的各个加盟商都能公平地享有特许经营模式的权利并履行义务，同时也便于特许人管理成千上万甚至更多的合同。

2.系列化。特许人和加盟商签订的合同分为主合同与辅助合同。主合同就是通常所说的单店、多店或区域等特许经营合同。除了主合同之外，特许人和加盟商还可能要签订其他的系列合同，这些辅助签订的合同可能会包括《商标使用和许可协议》《保证金协议》《软件使用许可协议》《竞业禁止协议》等。

3.手册作为附件。因为特许经营的合同上有关于加盟商门店运营等"统一化"的规定，所以，合同的附件里一定要加上签字的、骑缝盖章的、合同上提到的手册。

4.《商业特许经营管理条例》上有建议的特许经营合同的内容。特许人最好把《商业特许经营管理条例》上所列的条款和内容都列上。

5.比较长。因为特许经营合同涉及的面宽、内容多，所以，这类合同通常会比较长。自1998年以来，我为无数的特许经营企业编制了无数的特许经营合同，同时我在许多著作里都编写了完整的合同模板。这些经过实践总结、不断与时俱进调整的合同基本上都在20页以上，字数有几万字甚至是更多。

10

关于人力资源

10.1 如何应对"挖角"

如何应对"挖角"？下面，我给出几点应对建议。

1.坦然接受"挖角"的事实。只要还有竞争，企业间"挖角"的行为就永远都不会消失。你需要做的首先是接受这个事实并努力将被挖的"角"的数量压缩到最少。当然，你也可以通过合理合法的途径去"挖"别人的"角"。

2.把企业的"角"分类。关键的"角"，值得挽留。非关键的"角"，不必花费太多的人力物力财力挽留。

3.重新考虑你的留人体系。企业应该了解被"挖"的"角"到底是由于工资、福利待遇、文化氛围还是发展前景等原因才被"挖"走，然后有针对性地改变你的人力资源管理体系，包括从人力资源规划开始，一直到招聘、面试复试、定岗定员、考核、激励、晋升、淘汰等全程、全面、全员的制度体系。

4."备胎"常态化。虽然你应该一方面尽最大化的努力去减少值得你挽留的被"挖角"的行为；另一方面，你也必须把培养"备胎"常态化、适当的量化，以备应急或随时可以启用"备胎"而不至于让企业受到"角"离开后的损失。

5.编制系列特许经营手册。把你的企业依赖于人的那些东西（比如说随着"角"走而流失的技术、能力、客户等）按照我编制系列特许经营与连锁经营手册的理论和知识变成不依赖人的标准化，或者说是把个人资源公司化。

10.2 个人也需要定位

关于定位，对于个人而言同样重要。

创业、经营企业与武术、搏击是有异曲同工之妙的，它既需要你深度的学习、实践和领悟，也需要时日的磨炼；同时，成功大小及成功与否当然也会受到个人天赋、外在机会的因素影响。所以，对于个人而言，不是你想成功就一定能成功的，不是你想创业就一定能成为大企业家的。你需要对自己的能力有清醒的认识，如此才能科学、正确地规划自己的职业生涯。否则，能力与梦想的不匹配带给你的只能是失败和失望。换句话说，你如果是将，就不要想着做帅的事情。

有梦想是好事，但梦想要切合实际，尤其是要切合自己的能力。

好师傅的徒弟不一定个个出色。

功夫是年月、汗水、专注和忠诚铸就出来的。所以，适合自己的一定是最好的，最好的未必是适合自己的。

10.3 如何提升领导力和威信

如何提升领导力和威信？下面，我给出几点建议供读者参考。

1.权力来自魅力与实力，而非身份或职位。

2.欲用好人，需先容人、让人。

3.多用智慧，不用意气。

4.任何言辞皆不敌以身作则，所谓身正令行也。

5.先人之苦，后人之乐。

6.多以己欲去体谅人欲，己不欲勿施于人。

7.多学习，提高个人能力、修为，才是让人心服口服的唯一之道。

10.4 寻找职业经理人很容易犯的两个致命错误

接触许多企业主之后，有些感慨与读者分享，即一些连锁企业急着寻找职业经理人很容易犯的两个致命错误。

1.企业主的亲戚会束缚职业经理人的手脚。

2.盲目地相信在其他公司尤其是著名公司工作的高层管理者，然后聘请他们，结果就是这些人只会照搬原先企业的经验，却没有科学的本土化、"本企化"。

11
加盟商的"管控"

11.1 如何避免加盟店私自发放会员卡然后卷款失踪

加盟店私自发放会员卡然后卷款失踪的事情屡见不鲜。出现这种情况，特许人难逃干系，最起码你的品牌会大受影响！如何避免这种情况？我给出几个建议供大家参考。

1. 会员卡的发放可以由加盟店做，但款项宜直接汇入总部账户。
2. 每个加盟店的会员卡数量应有限制。
3. 加盟店的包括会员卡在内的营销与促销手段必须经总部书面批准。
4. 总部实施严格的督导制度。
5. 给每个加盟商建档案。
6. 特许经营合同要完善。

…………

11.2 加盟商的过错导致特许人跟着受害，如何破解

据新闻报道，全聚德的无锡店企业主欠下巨额债务跑路。虽然全聚德总部声称该加盟商的授权早已到期，但毫无疑问的是：因为全聚德对于加盟商退出后的督导和管理不到位，导致大批不知真相的人对全聚德有误解，从而损害了全聚德的品牌和形象。其实，这种现象在特许经营领域并不鲜见，因为加盟商的过错导致特许人跟着受害的例子比比皆是。如何破解这种不利局面，如何破解一损俱损的魔咒、实现一荣俱荣共赢的目的？最重要的一点就是特许人或"盟主"应构建完善的特许经营体系，对加盟商进行整个加盟生命周期的管控或服务。如此，才能在保证加盟商利益的同时保证自己的利益，更重要的是能保证广大消费者及供应商等合作伙伴的利益。

11.3 和加盟商沟通采取什么方式更好

和加盟商沟通采取什么方式更好？应尽量避免公函的形式，应多采用非

公函的电话、微信等"非正式"的方式。原因其实很简单。

　　1.一纸盖有公司印章的"沟通函"给人的感觉就是冷冰冰的。尽管你欲盖弥彰地用了"请""您好""谨祝"之类的词语，但这些词语的背后把你的虚伪、不真诚暴露无遗。对方不是傻子，不会只看字面，还会从字面上体会文字背后的深意的。

　　2.一纸公函会非常明显地提醒加盟商——"咱们是两方"，把本是一家人、一体化的共荣共辱意识立刻变成对立、对抗的意识，而对立、对抗的意识一旦形成，后续的合作效果必然大打折扣。

　　3.如果公函里还自以为高明地引用了合同的某条某款，则更为恶劣的情况就会立刻出现且几乎不可逆转，那就是双方从此就会就合同的问题进行纠缠而不是全心全意地做好项目。

　　4.公函的出现会提醒加盟商做任何事情都要查找合同。因此，合同规定的事情，加盟商会做；合同没规定但对双方都有利的事情，加盟商就极有可能不做。然而，任何合同都不可能考虑到方方面面的，如此"公事公办"的结果自然是双输而非双赢。

　　5.公函给人的感觉是单向，更像命令而非沟通的最佳方式——"双向"之协商。显然，协商之后双方均同意的结果会被更有力地执行，而单方面的命令则很可能被阳奉阴违地抗拒。

　　当然，如果公函里逻辑混乱、错误百出、只谈自己贡献而对加盟商的努力与付出视而不见的话，那给加盟商呈现的就不仅仅是一个文盲、法盲、偏见、自私的形象，企业的商誉和品牌形象也会一落千丈。

　　动辄使用公函的沟通方式不仅是智慧的缺失，更是智商和情商的严重不足，这样的沟通方式显然是不懂沟通，不懂生意，不懂管理，不懂合作，更是严重丧失管理者职业素养和恶意破坏合作的典型表现。

　　士为知己者死、女为悦己者容的古训已经很清楚地告诉我们如何激励与沟通。所以，在沟通之前，请务必记得：大家是合作伙伴，是家人；是一荣俱荣、一损俱损的亲密关系，不只是简单、低级的买卖关系。

11.4 加盟商拉条幅或堵在公司门口要求退钱，怎么办

"维华商创"特训营的一个会员企业问我：有些加盟商接受培训和学习之后，店不开了，拉条幅或堵在公司门口要求退钱，怎么办？我的答案如下，读者可参考借鉴。

1.临时抱佛脚计。录像，取证，报警。千万不要动手；否则，就有可能从民事问题变成刑事问题了。

2.扬汤止沸计。按照已经签订的加盟合同中的条款及已经给他们做的培训的事实证据，扣除合理支出后退还他们部分钱。

3.釜底抽薪计。在招商前就拟定好加盟合同，包括加盟商接受培训的费用、无责退出的期限及退出后的权利义务；同时，在招商的遴选或加盟商面试阶段时，就依据自己的企业情况和战略设计好针对加盟商的评分表，预先筛选掉那些可能在后续加盟过程中有风险的潜在加盟商。

11.5 加盟商的问题根源其实是特许人

有一次和一个连锁企业的"盟主"聊天，他提出了两个问题，或者说是抱怨加盟商的两个方面：一是加盟商不全力、不专心地做加盟店；二是加盟店盈利状况普遍不理想，只有加盟商个人有能力的加盟店才赚钱，没能力的加盟商的店不赚钱。我给他的答案是：上述两个问题的根源全在特许人，而非加盟商。为什么呢？

第一个问题，加盟商不全力、不专心经营加盟店。这种非良性状态出现的原因有可能包括"盟主"当初选择这个加盟商就是个错误，或者说"盟主"选择加盟商的标准、流程、方法等不科学，导致选择了不适合做加盟商的人。当然，也可能有其他原因，比如加盟店的生意份额在加盟商的所有生意中占比小，加盟商自然就不重视加盟店的生意；加盟店的产品和服务不具备竞争力；加盟商不知道如何去做；加盟商误以为加盟之后靠着总部这棵大树就可

以高枕无忧、无须费力地坐等红利入账，因此形成加盟商的严重依赖、懒惰心理；总部督导不够；等等。无论哪种原因，其根源基本都是因总部的不专业、不尽责而引起的。当特许人学会把所有原因都尽可能地归于自身而非归于包括加盟商在内的外部因素时，一个特许经营体系强大和持续的机会才可能真正出现。

　　第二个问题，亦即只有加盟商个人有能力的加盟店才赚钱，没能力的加盟商的店不赚钱。这种非良性状态出现的原因主要责任也在于总部或特许人。为什么呢？因为加盟店如何赚钱、加盟商如何具备运营加盟店并赚钱的能力是需要总部给予设计、标准化、培训和复制、督导的，而不是依靠加盟商自身的能力。从另一个角度讲，如果加盟商很有能力，可以不需要总部教练就可以把加盟店运营的很好并赚钱，那么，这样的加盟商极有可能会脱离体系、自己单干并成为特许人的最强大竞争对手。通常，加盟商只有享受特许人成熟模式的权利，没有和特许人共同探索模式的义务。作为商业模式特许经营或整店复制而言，特许人给予加盟商的绝对不能只是产品及关于产品的知识，同时还应给予的是包括"如何成功经营一家店"在内的全套方法、流程、支持等。原因很简单，因为特许人复制给加盟商、加盟商被授权经营的是"店"，而非单一的商业元素，比如商标、商号、产品、技术、供应链、装修、理念等。那么，问题来了，如何解决上述问题呢？

　　对于上述连锁加盟企业普遍存在的尴尬状况，如果仅是就事论事的话，可以采用我下面所述的"四招法"来应急（从长远角度看，要彻底解决这些问题，必须得按照我的"成功构建特许经营体系五步法"来构建完整、科学的特许经营体系）。所谓"四招法"，就是同时从以下4个方面入手解决问题。

　　1.研究、提炼、普及成功加盟店的经验。

　　2.研究、提炼失败加盟店的原因并提出解决对策，然后普及到各个门店。

　　3.研究、提炼、普及竞争对手、非同行及国内外等类似门店的盈利模式和企业自己内外的资源、能力、状况等，然后设计出包括加盟店盈利模式在内的整个体系的盈利模式。

4.重新建立科学的招商体系（比如科学设计加盟商的遴选标准等），暂时放缓目前的招商步伐，只招收"有能力的"（至少可以保证加盟店的整体成功率。至于如何让这些"有能力的"加盟商不脱离、不单干、不成为自己的竞争对手，请参考我其他的著作）。待盈利模式确定后，再进行大规模的招商。

11.6　"控制"加盟商

偶然与一连锁企业的董事长聊天，他认为"控制"加盟商最关键。

诚然，但除了在选择加盟商的起步把好关之外，"控制"一说当分两类。

一是硬手段，以合同、处罚、督导等让加盟商"畏"之。

二是软手段，以文化、理念、利益、关键物料、核心技术吸引等让加盟商"爱"之。

爱、畏皆有，则不离不弃也。

12

关于国际特许经营

12 关于国际特许经营

12.1 为什么说特许经营是跨国经营的最佳方式之一

因为很多国家或地区对于外资企业及产品（或服务）的进入都是带有很多附加条件的，而在外国开设加盟店则可以规避一些限制。所以，特许经营是跨国经营的最佳方式之一。

比如，苹果手机进入印度市场时，无法实施其一贯的自营的Apple Store的方式，因为印度对此限制颇多，包括需要苹果在印度生产30%的产品等。如果苹果在印度开设加盟店，则不需要这些条件。所以，苹果在印度的销售渠道将变为特许经营的模式。

12.2 关于国际特许经营的几个问题的答案

有特许企业向我咨询国际特许经营问题：①海外市场的情况不同于国内情况，针对海外市场的总代理费用，结合零售行业的情况，我们考虑3个指标（当地所在国人均GDP、人口密度、人类发展指数），您觉得准确吗？②我们在海外发展是采取总代理的方式，获得一个国家的特许经营权之后，可以自行在当地发展二级加盟，我们总部不干预，和麦当劳、7-11不太一样，他们都倾向于单店加盟，我们是否可以借鉴他们的加盟政策？

我的答案简述如下。

①针对海外市场的总代理费用，只考虑3个指标（当地所在国人均GDP、人口密度、人类发展指数等）还不够，还同时要考虑很多因素，如你们的战略目的、品牌强度（比如，品牌知名度高，费用高；反之，亦反之）、总部与加盟商的盈利模式等。

②加盟政策不但可以借鉴同行，也当然需要借鉴非同行。从加盟商的角度讲，他们的目的是"消费需求"，以加盟商的目的为出发点反向思维，可以实现更好的战略目的（拓展更多网络、销售更多产品、挤压竞争者、品牌推广等）。

13. 关于招商

13.1　加盟后，门店的品牌也可以不一致吗

在传统的连锁经营理论里，一定要强调品牌的"统一"，比如加盟商的门店招牌一定要和特许人的一致。这其实是一个典型的误区。

我在2003年就明确讲过，特许权的统一分为两类：必须的统一和可选的统一。也就是说，在所有门店的招牌、装修、产品、服务等有形和无形的特许权内容上，特许人可以根据内、外的需要和实际的状况，有些必须统一，有些则不需要统一。比如日系便利店巨头罗森在许多加盟商的门店招牌上实施的就是不统一或俗称"双品牌"的战略：武汉中百集团加盟罗森后的招牌名称为"中百–罗森"，北京超市发加盟罗森后的招牌名称为"超市发–罗森"，南京中央商场（集团）股份有限公司加盟罗森后的招牌名称为"中商–罗森"，等等。

如此"双品牌"战略的好处非常明显，下面仅述一二。

1.维系加盟商原品牌的顾客。许多时候，加盟商的品牌在当地的知名度和顾客群中的信任度可能是高于特许人的。所以，"双品牌"的战略措施可以使得忠诚于加盟商品牌的顾客不至于因为更换新品牌，尤其是更换了顾客们不熟悉的特许人的新品牌而流失。

2.加盟商更能接受，特许人的招商工作更顺利。这种"双品牌"的战略措施让那些不愿意丢掉自己苦心经营多年的自有品牌或对加盟终止后仍然希望可以继续从事原品牌事业的加盟商更能接受，从而使得特许人的招商可以顺利加快而不至于耽搁在可能时间很久的沟通与谈判上。

13.2　对强烈要求加盟开店的人还需要遴选吗

对强烈要求加盟开店的人还需要遴选吗？还是要遴选，要考核。步骤如下所述。

1.确定加盟条件或开店条件。

2. 成立审核开店 3 人或 5 人小组。

3. 发布招商或要开店的信息，征集报名。

4. 对报名者按条件由审核小组审核。

这样做，除了会确保公司的特定战略有效执行之外，还会给所有的潜在加盟商一个强烈的意识：我们是个大品牌，是个负责任的品牌，不是谁都可以加盟的。另外，带有条件的批准会使被批准人更加珍惜和重视加盟机会，更有荣誉感，也更会努力运营门店，也能使特许人选择更优秀的加盟商。

13.3　企业到外地招商需要注意什么

有企业询问我：企业到外地招商需要注意什么事项呢？

企业的招商在不同的地区有相同之处，也有不同之处，正是这些不同之处是很多企业招商不顺利、招商有瓶颈的根本原因之一。

在不同地区招商的相同之处包括企业的品牌、经营模式、产品或服务内容的大部分等。但是，企业在不同地区的招商也有很多不同之处。如特许经营费用不同（比如一线、二线城市高一些，三线、四线城市低一些等），潜在加盟商不同（比如其投资能力不同，沟通方式不同，投资领域或行业不同，投资人群的数量不同，投资人群的性别、年龄、职业、目的等不同，等等），加盟店的商圈保护范围不同，加盟店的具体运营方式和营销方式等不同（比如经营内容、经营风格、经营口味，支付方式，产品或服务的价格，广告媒介，经营时间等），当地政府的管理政策不同，等等。所以，特许人在不同地区招商时，应针对不同地区制订不同的加盟方案，在本地化的基础上更进一步，那就是本店化。否则，千篇一律的招商方案必定会严重影响招商的效率和效果。

13.4　招商与扩张的小技巧

在企业的招商与扩张中，其实是有很多技巧或方法的。仅举一个小例子，仅仅是科学确定招商对象就可以使你的企业比你现在的发展更迅速。具体做法可以是这样，因为特许人可能有多种门店及门店有多种功能，所以，我们可以重新确定门店类型或招商对象。

以干洗店为例，门店的主要功能是收衣服、干洗、熨烫、修补、发衣服。企业的招商对象当然可以是具备前述全部功能或流程的门店，但这样的单店投资大、功能复杂，那么，势必会影响连锁网络的拓展速度、加盟店的实际运营等。如果企业改变一下思路，比如采取按功能或流程等分解的方法重新确定招商对象——门店的话，那么，企业的招商和发展就可能有较大的改观。比如，我们按照功能、流程等把干洗店分为两类，一类是投资大但功能全的门店（包括前述各项功能的店，称为全功能店或"母店"）；一类是只具备部分功能或流程的门店，比如收衣点（主要的功能就是收衣服和发衣服，而把干洗、熨烫、修补的功能或流程交给前面的全功能店来做，这样的店我们称为"子店"）。如此，总部就可以分别招商"母店"和"子店"，或者总部在各地负责建立全功能或全流程的"母店"或工厂，而全力招募小店（即收衣点或"子店"）。因为收衣点或"子店"投资小、运营简单且非常适合社区，所以，通过这种"母子店"的战略方式，特许人就可以实现更快速的网络拓展及加盟店的更好运营的目的。

13.5　如何选对加盟商的心得

特许经营体系失败的原因固然有很多，但其中一个多数"盟主"都会犯的错误就是选择了错误的加盟商，然后以错误的态度对待了错误的加盟商，这就像婚姻一样，配对错误的结果几乎就从一开始就注定了双方会不愉快的分手。

如何应对？

"盟主"首先要树立对待加盟商的正确价值观，比如，"盟主"对待加盟商的价值观至少应包括下述这些方面，即要求加盟商：主要是遵循而非创新，主要是统一而非个性，主要是执行而非谋划、专一而非花心、努力而非依赖、全身心投入而非兼职。

13.6　如何让招商人员同时推大店和小店

招商人员明知创业者适合小店，却偏要强推创业者很难盈利的大店，怎么办？有两个解决方法。

1.因为招商人员的招商提成是和大店、小店的投资金额或加盟金相关的，招商人员为了拿到更多的提成，即使明知该创业者适合开小店，也会极力推荐他开大店。所以，招商人员必须和他招募的加盟店的终生利益相关，而不能是只要签了加盟合同就一次性地拿走全部提成。比如，可以将招商提成分开计提，签约时提成一部分，然后根据加盟店的盈利状况再提成另一部分。

2.确定创业者的加盟与否及加盟形式时，必须严格地组织一个由总部领导、招商部领导、营建员、督导员、招商员等人员组成的人数是奇数的小组，然后分别对是否同意加盟、同意加盟哪种类型的店、是否同意已有地址等指标打分，然后去掉最高分和最低分，最后以平均值或多数人的结论为准。

13.7　如何计算区域加盟商的总加盟金或代理费

招商时，特许人无法回避的问题就是按什么标准收取区域加盟商（如一个省内的加盟商或者一个市内的加盟商）的总加盟金或代理费。计算原理就是下面的公式。

区域加盟商的总加盟金或代理费＝区域内开店总数×单店加盟金×区域折扣

在上面的公式中，单店加盟金是特许人已经确定的，具体算法可以参考我的"特许经营费用的9种算法"；区域折扣是特许人自己确定的，通常可以是8折。因此，上式中的问题就在于如何计算一个区域能开多少家店。下面，我们结合瞳益康视力保健连锁企业（以下简称瞳益康）在聊城的实例来讲解具体的五步算法。

第一步，查出该区域的人口数，比如山东聊城共有600万人。

第二步，计算出区域内有效消费者的人数，计算公式如下所述。

区域内有效消费者人数＝区域内的人口数×有效消费者比例

在瞳益康的案例中，按照瞳益康能有效服务的近视及眼部有问题的人口比例为30%计算，我们可以得出聊城有效消费者人数为：600万×30%=180万。

第三步，计算出企业的有效消费者人数，计算公式如下所述。

企业的有效消费者人数＝区域内有效消费者人数×预测的企业市场份额比例

在瞳益康的案例中，患有近视或其余眼部问题的人群会选择做手术、配眼镜、带仪器等，我们预测：该项目的初期，按照瞳益康"乳液精华＋按摩通穴"的方法进行视力优化或眼部保健的人群所占市场份额比例预估为1%。因此，瞳益康的有效消费者人数为：180万×1%=1.8万。

第四步，计算出每家店每年能服务的顾客数，计算公式如下所述。

企业每家店每年能服务顾客数＝核心元素数量×核心元素每月服务的顾客数量×12个月

在瞳益康的案例中，瞳益康每家店每年能服务的顾客数为：5张床×每月5个新顾客×12个月=300个。

第五步，计算出企业在区域内的可开店总数。计算公式如下所述。

企业在区域内的可开店总数＝企业的有效消费者人数÷企业每家店每年能服务顾客数

在瞳益康的案例中，瞳益康在聊城的可开店总数为：1.8万÷300个顾客=60家。

最后，我们可以得出：瞳益康在聊城能开60家店。如此，聊城的区域加盟商总加盟金或代理费就自然而然地计算出来了。当然，如果详细计算的话，我们还需要考虑这个区域的顾客群的增长率（数据或为正，或为负），竞争者的市场增长率（数据或为正，或为负），本企业的市场占有率的变化（数据或为正，或为负）等因素。

13.8 特许人的招商节奏和直营店、加盟店的分配比例

特许人在发展过程中的招商节奏如何把握，除了我曾经讲过的开一家成一家的稳步节奏、先乱而后治的冒险性节奏等之外，还有直营和加盟的模式变换式的节奏。什么意思呢？

比如星巴克在进入一个新的市场时，通常采用三步策略。

第一步，先在当地招募区域代理商，由代理商自己开设或招募单店加盟商，星巴克总部借此规避了在新市场的风险并观察当地市场对于星巴克的接受情况。

第二步，如果当地市场对于星巴克的接受度非常高，则星巴克总部会以占股甚至是直接收购的方式夺回当地市场的掌控权，改加盟店为直营店。

第三步，待当地市场发展成熟后，星巴克总部则以基本上是5∶5的比例同时发展直营店和加盟店。

13.9 如果加盟商也是一个小型的连锁加盟企业，怎么办

很多大型"盟主"在业内招商或在业内收编散小门店的时候，会发生这样的情况，即对方也是一个小"盟主"，也有一些加盟商。面对这种情况，如何处理呢？至少有3种处理办法，其各有利弊和不同的适用场景。

第一种办法，让对方终止既有加盟商协议，然后重新逐个加盟你这个新"盟主"。

利：新的加盟商权利义务清晰；避免对方形成小帮派或小团体。

弊：操作比较麻烦；操作时间可能较长；对方在终止自己的加盟商协议时，可能面临违约赔偿问题。

适用场景：小"盟主"的加盟商门店数量不多，且加盟期快到期或加盟解约没有麻烦和争议的情况。

第二种办法，将对方视为多店加盟商。

利：操作较为简单；加入新体系的时间较短。

弊：权利义务，尤其是各门店之间的产权不清晰；对方可能会形成小帮派或小团体，对你的特许经营体系的标准化和规范化有部分抵制或不从。比如，他们虽然加盟了你的企业，但他们可能会依旧听从原先小"盟主"的部分建议，甚至集体要求你给予他们过分的权利。

适用场景：小"盟主"直营店门店数量较少；小"盟主"的既有加盟店和小"盟主"之间的权利义务比较清晰，易于清算既有加盟合同终止后的权利义务。

第三种办法，将对方视为非行政区域保护的区域加盟商，比如视为区域复合加盟商，即除了自己可以直接开设门店外也可以再招收自己加盟商的区域加盟商。

利：权利义务清晰；操作速度很快。

弊：对方可能会形成小帮派或小团体；当其门店覆盖的区域再招收新的区域加盟商时，处理新的区域加盟商的权利义务和原先的小"盟主"的权利义务时比较麻烦。

适用：小"盟主"的区域加盟商在地域分布上比较集中；小"盟主"和其既有加盟商的加盟期未到期或权利义务关系比较复杂。

14 关于单店

14.1　单店投资成本及其回收期

作为"盟主",特许人应充分考虑到项目众多的竞争环境下的创业者喜欢小投资、高回报、快回收的项目的特点,用各种方法降低投资成本并缩短其回收期。比如可用预先竞争价位确定的方式进行倒算,由此可以得出装修、机器设备、原材料等费用,这其实是个项目研发的过程。

14.2　比本土化更进一步的"本店化"

做连锁店的一个必备原则是单店的比本土化更进一步的"本店化",意思是说,每家门店都应该根据自己商圈的不同来调整单店的方方面面,如颜色、装修、价格、品类、服务方式等。

14.3　如何设定门店之间的商品价格差

按照特许经营的"大同小异"的复制和统一化原则,加盟店的商品价格在每个地区应该有所区别。但是,特许人必须设定好各个门店商品价格之间的差距。否则,价格差距太大的话,会促使消费者涌向低价店,放弃高价店。

如何设定商品价格差呢?比如可以用这样的思路考虑该问题,两店的商品价格差约等于或稍大于消费者从高价店到低价店的交通费用。假设同样的商品在A店的价格是100元,那B店就应该定价成80元,这是因为A店商圈的消费者到B店购物的交通费用最少也要20元。这样一来,就可以有效防止本来是A店的目标顾客"长途跋涉"到B店去消费。

14.4　如何界定商圈等级或类别

很多企业在拓展连锁店时,经常的战略方针就是以城市级别作为商圈等级或类别划分的标准。其实,这样的划分是完全错误的。为什么?因为城市的级别和商圈的等级或类别并不完全一一对应，比如北京市6环的商圈等级可能还不如三线城市市中心的商圈等级高。那么，如何正确界定商圈的等级或类别呢？正确的方法应该是两位数分级法，即我们以1、2、3、4等代表一线、二线、三线、四线等城市，而以0.1、0.2、0.3、0.4等代表城市内的一、二、三、四等类商圈。按照消费力的标准，城市的商圈等级或类别就可以划分为：一线城市可以有1.1、1.2、1.3、1.4、1.5、1.6等类别的商圈；二线城市可以有2.1、2.2、2.3、2.4等类别的商圈……依此类推。

需要注意的是，从消费力上讲，1.4、2.2、2.3、3.1等商圈可能是相同的。如此，两位数分级法的具体应用就是：那些原来认为自己的门店适合开在三线、四线城市的核心圈（3.1、3.2、4.1）的连锁企业就会恍然大悟，其真实的适合开店的商圈可能还包括2.3、2.4、1.4、1.5、1.6等类别的商圈。如此，按照两位数分级法的商圈界定方法而不是纯粹的按照城市级别的方法拓展连锁店，你就不会错过其实非常适合开店的商圈，你的开店的地域范围和数量也因此就会大大扩大了。

14.5 选址中的俚语俗话蕴含的道理

民间有一些关于选址的俚语俗话，虽然其可能在不同的情境下会有对有错，但这些看似简单的俚语俗话中大多蕴含着深刻的选址经验、教训和知识，我们不妨作为选址的参考。现仅举几例，以飨读者。

1.阴阳街。同一条大街，一边生意兴隆，一边生意冷冷清清，此街便被称为阴阳街。形成阴阳对比、生意迥异的原因有很多，从地址上分析的原因可能有单行道（顺向的路侧门店的生意好些，逆向的路侧门店的生意差些）、朝向（朝东、朝南的门店相比朝北、朝西的可能会好些）等因素。

2.一步差三市，指的是哪怕两家门店是邻居，也可能生意相差很大。

3."金角银边草肚皮"。"金角"指街角，"银边"指街边，"肚皮"指的是整条街的中间地段。这句话的意思是按照门店地址的好坏顺序，你应该选择的依次是"角""边""肚皮"。这个说法和"不选两头选中间"的俚语看起来是矛盾的，但要具体问题具体分析。比如街道很长时可能是中间更好，街道比较短时可能是两头更好。如果是同业商业街，两头的门店位置较好；如果是非同业的商业街或"什锦"商业街，则中间的可能更好些。

4.一十，二丁，三路边。这是我经过了数百次实际选址实践之后得出的通常情形下的经验，那就是十字路口的门店的位置最好，次之的是丁字路口的门店，再次之的就是沿街门店了。当然，这些经验也得分行业、分企业及开店的战略目的等不同而有所不同。

5.只选对的不选贵的。这句话意思是说，选址的时候要看性价比，不能只看房子的价格。通常而言，便宜的店址没人流，贵店地址人气旺。

6."3P""3L"。P的意思是place，L的意思是location，都是英语地址、位置的意思。所以，"3P""3L"的意思就是开店至关重要的因素就是选址、选址、选址。类似的俚语俗话还有"选址准，店生金""选好店址就是创业成功的一半"等。

7.不选两头选中间。这句话意思是说，门店选址的时候不要选一条街的两端，尽量选择中间。为什么呢？试想一下，当你逛街的时候，很少有人看到第一家门店就直接下手消费的，往往抱着"后面还有更好的"心态继续往下走；如果一条街很长，很多人会没有耐心从头走到尾，就会在中间某个门店消费了。

8.抱大腿。这句话意思是说，选址应该借助周边邻居的人气，既可以在"大款店"的内部开设你的门店，也可以在其旁边开设门店。选址时可以傍的"大款店"有大商超、著名品牌店（比如麦当劳、肯德基等）、车站、机场、景区、高速公路的服务区、剧院、电影院、公园、广场、大工厂、学校等。

9."店大招远客"。这句话意思是说，你选址的时候未必要求周边没有和你竞争的同行；相反，如果同行们都聚集在一起，比如形成某某一条街的话，那么，大家的生意都会很好。所以，看到这里的读者现在就会理解一些消费者的行为了吧。比如在北京市，买茶叶要去马连道、配眼镜要去潘家园、泡酒吧要去后海等。类似的话还有"同行密集客自来"等，"海滩原理"说的也是这个道理。

10."交通畅，财源旺"。这句话意思是说，门店的周边交通一定要四通八达。否则，消费者光顾你的门店都非常困难，想经营好那是很难的。

11."把口占角，占去路"。所谓把口占角，就是把门店开在十字路口的把角处，这样能让更多路人看到，广告效应好。据统计，门店开在路口把角要比开在路的单侧的客流量增加近40%。所谓"占去路"，指的是在人们回家的路侧开店而不在去向路侧开店，为什么呢？因为去向的路侧，大家都是匆匆忙忙地去上班、上学或办事，很少会停下消费。但是，回家时就不同了，路人可以有足够的时间停下逛街和消费。当然，前面已经说过了，这些俚语俗话都是在一定的情境下才更准确适用的，情景不同，俚语俗话可能就不准确。如对于"把口占角，占去路"的问题，在不同的情境下，事实可能正好相反，比如对于早餐店而言，在去向的路侧开店更合适。

12."酒香不怕巷子深"。这句话意思是说，如果你的产品或服务好，或者你的宣传做得好，那么，即使门店的地址很偏僻，也可能生意兴隆。所以，打铁还需自身硬。

14.6 单店设计8I

自2000年我提出特许经营学的概念并撰写了国内第一部重点大学通用教材《特许经营概论》时，单店设计的7I就成为实体店设计的标准规范和依据了。所谓的"7I"，指的是现代广义的CIS的7个部分：MI（Mind Identity——理念识别）、BI（Behavior Identity——行为规范识别）、VI（Vision Identity——视觉识别）、SI（Store Identity——门店识别，或是Interior Identity——室内识别）、AI（Audio Identity——声音识别）、BPI（Business Process Identity——工作流程识别）、OI（Other Identity——其他识别）。

2020年，我在出版的最新的大学教材里提出了8I的概念，在原有7个识别I之后，又增加了一个新的识别I，即EI（Era Identity——时代识别）。现在简单介绍其内容，更详细的内容请参阅我的其他新著作。

时代识别指的是因为时代而出现的科技、互联网、LBS或外卖、快递、自提等生活方式、商业方式等给顾客的体验性识别体系。

比如科技的体验，包括虚拟技术、扩展实体门店陈列空间的触摸屏、机器人、支付方式等。

比如因互联网的出现而产生的时代性体验，包括在网站、App、线上商城、微信、微博、抖音、头条等上面，因为顾客的浏览、交易等产生的体验。商家们正在顾客所能接触到企业的所有互联网入口上竞争，以尽力达到顾客的两点时代体验：①顾客用任何一种喜欢或习惯的线上方式均可直达商家；②无论以哪一种线上方式接触到商家，顾客都可以实施方便、快捷的查看、咨询、交易、退换货等行为，而不必仅仅使用商家所喜欢或习惯的那几种。

比如以LBS为基础的定位搜索体验。这种体验对于顾客迅速地找到、到达门店具有非常重要的意义。显然，如果一家门店的位置在网络上搜索不到的话，就可能会丧失很多消费者。

比如外卖、快递、自提等的体验，包括外卖、快递、自提等的方便性、送达时间、费用、品质保证、过程中的随时数据显示等。正因为如此，越来越多的商家才开始激烈地比拼快递或自提的费用、送达时间、品质与门店内即买即提的相似性、外卖包装等服务。

15

关于盈利模式

15

15.1　特许经营体系盈利模式算法

特许经营体系的盈利模式分为4个主盈利模式：总部盈利模式、直营店盈利模式、区域加盟商盈利模式、加盟单店盈利模式。这其中最关键的是总部和加盟单店的盈利模式，因为区域加盟商相当于一个缩小型的总部。

第一步是算出总部的收入和支出，确定了三大类费用的组合。

第二步是算出单店的包含了三大类费用在内的支出与收入。

第三步是对重合的三大类费用的数值进行调节，要求在双赢的原则和前提下，使总部和单店都有可接受的盈利数量。

15.2　总部要不要做加盟，计算一下就知道

总部要不要做加盟？做了加盟之后能不能赚钱？多赚了还是少赚了？多赚多少？少赚多少？这些都需要计算才能知道结果。以零售业为例，服务业可以把服务看成是无形的商品零售；其余条件按最简单的模式假设，如加盟商比直营店的员工更努力；房租、人力成本、设备仪器工具材料费用、水电气费等费用相同；总部对直营店和加盟店的培训、督导、营建、物流、货损等的支出相同；总部给直营店的供货价相同；直营和加盟的零售价相同；等等。基本结论如下所述。

1.总部做加盟之前的来自单店的收入只有一项，即商品价差。

2.做加盟之后，总部的来自单店的收入增加了两项：特许经营费用（三大类，十多个小类）、因为加盟店销售量增大（假设加盟商比直营店的员工更努力）而带来的总部供货量增大带来的收益。

3.做加盟之后，总部的收入在增加了前述两项的同时，总部的支出增加了主要的两大类：一类是为加盟这种模式的支出，包括主要的四大项，有特许经营体系构建的支出，对加盟店赠送商品的支出，招商的支出（包括广告宣传、招商人员支出、管理办公支出、召开项目说明会之类的活动支出等），

以及对于加盟商的领进门、扶上马、送一程、保终生的项目支出——主要包括营建、培训、督导、客服等；第二类是加盟商流水中去除交给总部的权益金的部分，即加盟店流水中被加盟商留存的部分。

4.总部做加盟要想比直营更赚钱的前提条件，或者加盟可行与否的条件就是：总部做加盟的多收入部分+总部做加盟之后节省的支出≥总部做加盟的多支出部分。

5.因为加盟店比直营店多支出了加盟金、权益金、保证金等特许经营费用，所以，加盟店的销售量必须高于同等条件下的直营店的销售量，如此的加盟店才是可行的。高多少呢？加盟店销售量增加部分的净利润+加盟少支出的部分≥特许经营费用。

6.总部和加盟商在收入和支出的很多项目上是此消彼长的关系，即互为收入支出，比如特许经营费用，对总部是收入，对加盟商就是支出，反之亦反之。

7.如何使加盟商和总部双赢呢？先列出加盟店的收入支出的盈利公式（根据我其他著作里的计算方法计算出三大类特许经营费用）；再列出总部的收入支出的盈利公式；第三步，通过调节加盟商和总部的互为收入支出的公共部分（三大类的特许经营费用、加盟商必须增加的销量、总部赠送加盟商商品的支出、总部的招商费用的支出、店内工作人员的工资福利、单店的投资、单店的日常运营管理费用等）的值，使得特许人和加盟商都获得"可接受"的经济效益。何为"可接受"？对于优秀特许经营体系的加盟店来说，其盈利的最佳状况是在同行的平均水平以上。对总部来说，底线是因加盟而获得的收入要能负担起总部为了特许而必须负担的支出。当前两者发生冲突时，以加盟商的利益作为优先考虑。在上面的反复调整数值的过程中，三大类的特许经营费用、加盟商必须增加的销量、总部赠送加盟商商品的支出、总部的招商费用的支出等许多特许人非常关心和困惑的事项就可以计算出非常科学、准确、公平的数字了。

15.3 特许经营费用的9种算法

如果你认为价格是一件商品销售好坏的重要因素之一，那么，"特许权"的价格，即特许经营费用的重要性也是同样的。此费用设置的不合理，就是特许人招不到商、做加盟不如做直营更赚钱、直营赚钱而加盟商亏损等现象产生的最根本原因之一。

经过数年科研，我已经开发出至少9种关于特许经营费用的科学算法，包括"前期支持成本+利润，再用系数调节"的算法、行业统计比例法、随行就市法、战略调整法、"维华对角差值均等算法"、特许经营三类费用的组合、反向算法、以举一反三的思维充分利用普通商品的定价方法和策略、固定值和比例的转换等，这些算法可以将特许经营费用的值计算精确到小数点后几位数。

15.4 直营和加盟哪个更赚钱

直营和加盟哪个更好一直是不懂特许经营的人的争议热点。比如其中一个争议就是到底哪种模式更赚钱？回答争议的最好方式之一就是数据。

比如，麦当劳2017年第一季财报显示，虽然总部的直营店收是入34.11亿美元、加盟店收入是22.64亿美元，但在扣除成本之后，总部的直营店的毛利仅为5.95亿美元，而总部的加盟店的毛利为18.33亿美元。总部来自加盟店的利润是来自直营店利润的3倍多！数据已经充分说明了一切。

为什么实际运营中的加盟店不如直营店赚钱呢？根源在于没有设计盈利模式。我早在十几年前就说过，对于总部或特许人而言，直营和加盟的盈利模式是不同的。对于每个特许人而言，都要量身定制设计你的独特的加盟盈利模式，而不能只是简单地模仿别的企业，比如依赖加盟金、权益金或者原料、商品的配送差价。还是以麦当劳为例来说明，在来自加盟店的收入中，房租占了大部分，66%；其次是权益金，33%；而加盟金却是最小的一部分，只占了不到1%的比例。正是因为掌握了特许经营的真谛，麦当劳才坚定不移地把不断扩大加盟、缩小直营作为自己的百年战略。

15.5 盈利模式中"维华三步循环算法"的4点说明

1.具体店、具体算。通用预算表的所有值都是平均值的预估，针对具体的某家门店，必须单独、相对精准的核算。

2.假设值有可能是我们的能力差导致的错误结果。通用预算表的假设值只是目前门店的平均值，但请务必记得：统计后得出的数据并不一定对。比如，在计算通用预算表时，我们的假设值是70%能销售、30%库存。这个情况实际上是我们目前的门店销售能力差导致的，并不是真实情况，而从70%提高到100%正是"盟主"与加盟商共同的义务和责任。

3.先正算、再反算以确定假设值。通用预算表算出结果之后，需要反算以决定需要修改那些假设值。比如，我们认为加盟商满意的月利润是2万元，但按假设值后的通用预算表计算出的值是1万元多。因此，我们需要在先假设月利润是2万元的前提下，反过来审视和修改前面的假设值，使得最终的月利润是2万元。如此反算和修改假设值的过程中，我们的三大类特许经营费用、日销售额、装修标准等就自然被确定了。这些被确定的假设值就是"盟主"与加盟商需要去努力变成现实的。

4.《加盟指南》的数据按中上等的好结果计算。对外招商时，我们应按照成本费用取中下低、收入利润取中上高的原则去算，如此才会使得加盟更有吸引力，但前提是各个数值都是有可能实现的，不能瞎编胡吹。

15.6 单店盈利模式设计包括哪些内容

单店盈利模式设计至少应包括如下的内容。

1.单个门店面积确定。

2."维华盈利模式三轮算法"……各项成本、费用、支出、毛利、回收期等的确定。

3.商品价格和毛利设计。

4."维华主次收入模型"。

5.爆款定位。

6.选址定位。

7.单个门店组织架构设计。

8.供应链定位。

9.单个门店定位。

10.核心竞争力定位。

…………

15.7 运用"维华盈利模式三轮算法"的注意事项

按照"维华盈利模式三轮算法",你可以精确计算出所有成本、费用、税、收入的每一项及其细分项的科学数值,比如装修费、设备费、产品销售折扣、终端价、中间价、物流费、加盟金、权益金、保证金、房租、人员工资和上客率、营业额、毛利率、净利率等全部内容,彻底摆脱拍脑袋的胡乱决策或假设值、预想值,一切都变得确定和唯一。但是,在运用"维华盈利模式三轮算法"时需要特别注意以下的事项。

1.必须确定核心因素。比如美容院的核心因素就是床位。

2.其他的因素,还以美容院为例,比如顾客数量、区域面积、单个门店面积、上床率、单个门店生产能力等尽量变成上述核心因素的比例。实在不成,就采用固定值。

3.除了正向算,一定要反向算或倒算。

4.一次支出、递延分摊、若干年后退回、固定支出、扣税规则、因量变而基数或折扣变化的因素等特殊数据必须符合国家法律法规。

5.一切数值均可改变，只要结果能更理想，每个数值都可调。

15.8　样板店的盈利靠人脉所致，能否复制或做特许加盟

我曾经不止一次地讲过，一个显然的常识或业内惯例是：只有特许人的直营店至少同时满足3个条件才可以搞特许经营，即直营店赚钱、此赚钱的经验可以提炼成显性知识、此知识可以复制。

事实上，在特许经营企业的初创期，不少企业的前几家直营店或样板店盈利大多是依靠企业主或其员工们的人脉达成。如此，这样的盈利模式可以复制吗？企业可以搞特许经营招募加盟商吗？这个问题的答案不能一概而论，要分具体情况而定。

1.如果这种盈利式人脉的获得难度非常大或未来的加盟商很难、不能获得这种人脉，则此人脉导致的盈利模式基本上是不能复制的。所以，企业搞特许经营时基本上就会失败。

2.如果具备这种盈利式人脉的人群在社会上有足够的数量，比如说这个数量能满足企业招商数量与铺点的要求，同时企业也有足够的能力、可能性去招募到这些人成为加盟商的话，那么，这种人脉式的盈利模式是可以复制的。因为至少特许人可以在加盟商条件里加上一条，即只有具备这种人脉的组织或个人才可以成为合格加盟商。

15.9　我为什么花费心血研究盈利模式

我为什么花费心血研究盈利模式？原因很简单，因为盈利模式是企业生存的第一要务。每个企业都可以根据自己的特点和外在的市场环境去设计自己独特的盈利模式。比如在商超领域就有很多种盈利模式，包括沃尔玛的薄利多销的商品差价盈利模式、家乐福的收取数十项进场费的盈利模式等。除了久负盛名的沃尔玛盈利模式和家乐福盈利模式之外，其余商超也完全可以

设计出自己的独特盈利模式。开市客（好市多）就独辟蹊径，创造了具有自己特点的盈利模式。

开市客（好市多）的主要盈利来源并非商品的价格差价（其毛利率只有11%，其他超市大约在20%左右），而是利润率几乎就是100%的会员费。这种盈利模式的好处是：开市客（好市多）通过会员费的方式进账大量现金，然后拿这些现金去大批量、超低价进货，然后超低价销售（比别的超市同样商品的价格低10%～50%左右），从而大大增强了竞争力，获得了更多顾客的青睐，良性循环又吸引了大批会员。如此不断上升的良性马太效应使得开市客（好市多）的发展蒸蒸日上。在德勤发布的2020年全球零售250强中，开市客（好市多）位列第二名，在沃尔玛之后、亚马逊之前。

16

关于特许经营的未来畅想

16 关于特许经营的未来畅想

16.1 未来的实体店是什么样子

1.社区将成为大多数渠道的终结者。得社区者，得天下。

2.众多线下实体店将变形为物流中转、暂存、自提、外卖外送员取货的前置仓。

3.实体前置仓的特许经营规模将空前巨大。

4.只要入店，手机将自动弹出本店商品、服务目录与你的消费者画像相重合的商品、服务推荐。

5.你不必再大包小包地拎着逛街了，下单后，商品将自动送到你家。除非你坚持现场消费。

6.导购员大规模消失，取而代之的是自动化导购设备、软件与机器人。

7.商品陈列将因为3D之类的大屏而突破空间局限，比如10平方米的门店可陈列几百万种商品。多数零售门店面积大幅缩小。

8.门店选址更多地依靠现场、虚拟订单者的大数据分析后的到店密度图。

9.更多的门店增加个性定制的功能。DIY成为门店标配。

10.门店也会有虚拟购物筐，你再也不用推个购物车挤来挤去了。

11.现在流行于药店里的自动取药机器将升级并广泛应用于所有实体店，尤其是体小、类多的零售门店。

12.每种商品或服务都会有可自动展现广告或介绍的某种码或按钮。

13.大多数门店都是特许经营下的连锁分店，单体门店生存艰难。

14.因为信息透明性、比价便捷性越来越大，所以，绝大多数门店的商品、服务价格趋于一致，更关键的是都趋向于低。

15.虚拟与现实融合度增大，营销、运营模式你中有我、我中有你，所以，有时很难分清是实体店还是线上虚拟店的实体形式。

16.得益于科技、管理进步，一个人可同时负责多家门店的运营管理。

16.2 "盟主"也会加盟的新趋势

特许经营领域的一个新兴趋势值得关注，那就是"盟主"也会加盟。因为亲身体验到了加盟的好处，所以在投资理财、开拓新业务领域、想学习新的行业、节省自己的大额必须支出等方面时，一些"盟主"会选择以加盟的方式进入另一个多元化的领域。

16.3 行业中介超市逐渐火热

什么叫行业中介超市？简言之，就是通过一个平台把某行业内的服务商聚拢到一起，然后由该平台为各服务商提供共有的服务。早期的有携程、艺龙，最近火起来的有饿了么、药到哪、去哪儿等。作为传统的连锁门店商家，应充分关注并借助行业中介超市这个新事物发展自己的事业。

16.4 实体店与网店趋于融合与一体化

在未来，实体店与网店趋于融合与一体化，实体店的商品与网店的商品的价格差距会逐渐缩小，商家利润减少。此趋势会导致实体店的新兴增值服务创新性增加及利用虚拟技术增加商品品类，最终导致实体店面积缩小、租金下降；网店利用新技术增强顾客亲临现场的体验感，并与实体店合作以将其作为网店的取、送货点。

16.5 未来，商业到底该如何走

1.事实再次证明，我在2008年提出的"大特许"的模式是正确的：线上线下同时做，各种工具、技术全部用，以传统的实体连锁为核心，糅合万千模式于一体，科学运作下的加盟一定胜过直营……

2.线上线下各具优势，所以，我们应该做的是融合，而不是谁替代谁。线下店按照线上店的排序、偏好、查询等可以做出"实体网店"的感觉，比如因此而改变陈列方式、上架商品品类等。

3."+互联网"才是正道。片面、极端夸大互联网的作用是短视的。

4.企业需要重视的是实际的资产和现金流。

5.实体店的优势若能得以充分发挥，则绝对不会导致所谓的实体店大幅关店现象，这些实体店的优势包括：体验、现场提货的即时性、给顾客的信心和信任、搜集真实的顾客大数据、为线上成功导流、接纳来自线上的导流。

6.实体店的痛点很多，但只要消除一个，就有可能占领细分市场、战胜对手，比如排队、支付不便、不能即时知道线上价格、不能海量地比较商品等。

16.6　为什么第一、第二产业要做特许经营

我对于特许经营未来大趋势有一条是这样预测的，"第一、第二产业的生产商和第三产业的经销商、代理商等，都开始关注或进入特许经营领域"。其中一个重要的原因是基于利润的考虑。通常而言，对于同一个产品的产业链条而言，第三产业的利润要明显高于第一、第二产业。

以咖啡为例，据金融数据研究服务平台JingData测算，整个咖啡产业链中，上游种植环节生豆的价值贡献约为17.1元/公斤，中游深加工环节烘焙豆的价值贡献约为83元/公斤，下游流通环节的价值则暴增至1567元/公斤，3个环节利益分配占比为1∶6∶93。

16.7　国内的实体店该往哪里走

当国内很多实体店在哀叹生意江河日下的时候，世界上那些著名的实体店连锁们在做什么呢？他们在积极应变，让自己变得更强。

比如肯德基，与时俱进地新开了一种叫作KPRO餐厅的门店，它与传统的肯德基门店的区别绝不是外观上改成了绿色，而是它强调的几个概念，读者看看是否熟悉：轻食、轻奢、商务、绿色、环保。

宜家开启"未来+"计划，除了3万平方米的大店之外，全面开启小店到市中心、开启体验中心、开启订货点等。

2019年7月，星巴克在北京开出了全球第一家"啡快"门店，即咖啡快取店。"啡快"门店面积较小，门店内仅有四五张椅子供顾客休憩，主打即点即取的外带服务。星巴克CEO凯文·约翰逊表示，2020财年，星巴克计划在中国的一线、二线城市开设更多"啡快"新门店，提高其市场渗透率。

16.8 越来越多的企业走上"大特许"之路

比如周黑鸭，继果断放弃坚持了17年的直营而改为大力发展特许经营后，除了电商之外，又在"大特许"的道路上更进一步，发展经销的模式：其3款售价15.9元/盒、120g小规格包装的锁鲜商品目前已入驻上海超过2000家的全家便利店，以及北京超过200家的7-11便利店。此外，周黑鸭也与盒马鲜生、沃尔玛等商超开展了合作。

周黑鸭走的是非常明显的"大特许"道路。

16.9 轻食的流行给我们的启示

最近餐饮界流行的"轻食"是什么意思？指的是清淡、低热量、不加重身体负担、果腹、止饥、简易、不用花太多时间就能吃饱的食物。其流行根源是消费者注重健康的意识逐渐强烈。轻食的流行给我们提供了诸多启示，如下所述。

1. 从消费者的角度反向思维出发去设计自己的产品和服务。
2. 紧跟消费者的消费特点变化的企业才能基业长青。

3.健康的意识一定是时代的趋势和主流，大健康将毫无悬念地成为下一步所有连锁店或企业的研究重心之一。

4.与时俱进的企业长青之法需要企业敏锐地研究、追赶、适应甚至是创造趋势，任何逆潮流的企业或保守不变的企业最终的结局一定是破产。

16.10　关于今天与未来商业成败的思考

1.沃尔玛的CEO说，"零售的本质就是3个：价格，商品，体验"。

你需要琢磨：即便以上的3点来看，线上和线下的利弊并非哪一方独占，各自的强项和软肋都非常清晰。各自趋利避害自然是生存之道，但发展之道是兼而有之的融合之道。

2.京东的"第四次零售革命"理论的核心是无界零售：京东从线上、线下最大零售商转型为零售基础设施提供商，为品牌商、零售商提供营销、供应链、物流等各种工具和服务。

你需要琢磨：线上、线下通吃固然最好，但专注于自己的最擅长领域可能是最佳之道。自然需要生态，商业也需要生态，当你强大到吞并一切的时候，就是一切吞并你的时候。世界已经变化了，原先是线下的不屑线上，后来是线上的不屑线下，今天是线下、线上的"互抛媚眼"。

3.京东与沃尔玛不断升级的"三通"的内容包括用户、门店、库存。

你需要琢磨：你自己的企业在搞线上、线下融合的时候，关键点其实也是这3个方面，比如用户的互相引流、转化，门店的协同作战、产生合力而不是左手打右手，库存及随之而来的物流、供应链的协调（比如线上把线下的实体门店作为提货点、前置仓、云仓等）。

4.我之前说过，"不要只拿相对值（比如增长速度）来对比渠道或商业模式，至少还应同时比较的有绝对值（比如实际的营业收入、利润）"。

你需要琢磨：唯有如此，你才能看到不同渠道、不同模式的真相。

5.关于流量和红利。

你需要琢磨：线上的流量快要触达天花板，红利已经开始下滑，线上的最大难点在于如何转化巨大的流量为现金。为增加流量和红利，多数线下实体店已经清醒过来并开始运用"大特许"的方式反击。

6.人已今非昔比。

你需要琢磨：顾客已经从"千人一面"在向"千人千面"和"一人千面"转变。

7.人找货还是货找人。

你需要琢磨：线上销售时，顾客的"人找货"场景较为单一，顾客的自选能力、自我兴趣等会严重影响商家成交量，线上商家引来顾客的能力渐强，但干预顾客消费场景的能力并无多大进步。线下实体店通过线上引来顾客的意识和行动已经十分明显和迫切，但千万不要忽略了自己的巨大优势之一——实体店消费场景的"帮人找货""货找人"等，比如导购们可以增加、改变、升级甚至是完全反转顾客的消费目标和数量。

在此，我要提醒读者："人货场"不仅是过去、传统的零售观念，也是今天、明天的经典的零售观念。

8.部分互联网人说，"零售就是效率"。

你需要琢磨：这个观点绝对是误导。零售的成功，效率只是其中之一。除了效率之外的成功要素或动力还有成本、体验、结盟、科技、时代甚至是运气。

16.11　特许经营界的新鲜名词，你知道几个

1.CP。"CP"是英文单词"coupling（配对）"的缩写，指的是粉丝或者观众对自己喜爱的荧幕情侣的昵称，一般都只针对假想的情侣或是夫妇。在特许经营领域，经常被指CP的是行业内的巨头竞争者，比如特许经营界的麦当劳和汉堡王等。在其他行业也有类似的CP，比如可口可乐与百事可乐，宝马与奔驰等。CP经常在公众视野里以互怼"相恋相杀"的姿态出现。CP的结果

是两方通常变成了行业的"老大"和"老二"。自古英雄惺惺相惜,两者的关系其实并不是"既生瑜、何生亮",而是"只有你配与我争锋"。

除了竞争者被称为CP之外,合作伙伴有时也被称作CP,比如可口可乐和麦当劳就是CP。另外,强大的品牌有时可能还有多个CP,比如麦当劳的CP除了汉堡王之外,还有肯德基。

2.快闪店,指的是在一些公园、广场、商超或别的人流量大、适合广告但不允许开设实体店的区域,企业在现场临时搭建、通常只能存在一两周的一间店铺。庙会期间的那些现场的摊位,就是原始意义的快闪店。

3."周边"。"周边"指的是门店在既有顾客基础上开发的非本店主营商品的其他商品。其实质就是"维华四维全产业链平台模型"中的横向向右延伸,即从消费者、市场的需求出发来深度挖掘消费者价值。比如麦当劳的"周边"包括"手办"和牙刷座、画尺、铅笔盒、各类玩具、包等,你在麦当劳就餐的时候都可以买得到这些商品。

5.黑暗料理。黑暗料理本来是日本动漫《中华小当家》里的黑暗料理界所做的料理。后经网民引申之后,黑暗料理就有了多层意思:一指街边卫生状况一般、经营到很晚的小吃摊或大排档;二指初学者或者厨艺一般的人做出的卖相非常令人难以接受的饭菜;三指难吃的食物或食材;四指富有"创意"的食物。

6.新的"首席……官"。除了大家已经很熟悉的CEO等之外,现在又出现了很多新的"首席……官",看看你的企业有没有:首席数据官,首席数字官,首席增长官,首席品牌官,首席传讯官,品牌首席推荐官等。比如李佳琦、鹿晗就是肯德基的品牌首席推荐官。

7.一系列的"M"。AM=Area Manager,区域经理;DM=District Master,地区经理;MM=Market Manager,市场经理;RGM=Restaurant General Manager,餐厅总经理;ARM=Assistant Restaurant Manager,餐厅经理助理;ASST=Assistant,助理;MT=Manager/Management Trainee,见习助理。

8.买手。买手这个词本来是服装业更为常用,现在已经扩展到了各个行业。其意思指的是企业雇佣的一批人专门在海内外的业内市场挑选最畅销、最新、最有特色的产品或服务,然后通过购买等形式进行模仿性地创新、生产自己的产品和服务,这群人就被称为买手。比如,苏宁与全球500个买手团队深度合作,品类覆盖母婴、服装、百货、酒水、食品、家居、奢侈品等。

17 关于顾问咨询

17 关于顾问咨询

17.1 顾问咨询应是治"未病"

大多数找顾问咨询公司的企业，都是因为企业出了问题才想起来"医治"或"救活"。这一点和病人一样：找医生的基本都是已经生病了的。但是，不是所有的"已病"都有解药的，更何况，纯粹为了骗钱的"庸医"比比皆是。所以，就如同我们更应当做的是在"未病"之前就保健一样，企业应当在好像或实际上顺风顺水时就居安思危并未雨绸缪，请顾问咨询公司为其打造完善的法、商、德、情并重的特许经营体系。这个完善的特许经营体系就是你的企业发展的"保健品""疫苗""金钟罩"。

17.2 我为什么不直接改，而是让客户改

在做顾问咨询的时候，比如编制手册时，客户的团队交上来他们自己按照我的要求编制的初稿手册之后，我要逐一修改。但是，在改的过程中，即便是标点符号的错误，比如说从分号改成句号这么简单的事情，我也不会直接改，而是用批注的形式改，宁愿多打几个字告诉对方并让他们自己改成句号。我为什么要这样舍简就繁、自找麻烦呢？其实这正是顾问咨询的技巧之一。

我曾经无数次地说过，顾问咨询本身是一门学问。每个咨询项目启动前，我几乎都会事先给客户"打预防针"：解释的成本太高，我让你干的事情，你理解了要干，不理解了也要干。还是回到前面说的让客户团队自己修改哪怕是很微小的错误的问题上，其原因其实就是坚持"授人以鱼，同时也授人以渔"的原则。

1. 让客户意识到自己的错误在哪里，以后就不会再犯同样的错。否则，咨询团队离开后，他们依旧会不断地犯同样的错。

2. 需要客户通过自己编制手册的"科研"过程，训练其专业岗位能力、培养其创新的思维等。

通过让客户自己去编制部分手册、执行部分工作，我们就可以发现他们的弱项，就可以在获得为客户量身定制的结果的同时，为客户训练出一支具备科研精神、创新思维、文武兼备的强大特许经营团队。一旦有了这个团队，客户的可持续发展就有了坚实的基础和后劲。

17.3　如何百倍提升企业自我内部诊断的效果

1.记录时务必冗余。在记录内容的时候千万不要选择性记录，不要因自己判断为有用或无用而取舍任何内容，你只管记录。夸张地说，哪怕受访人咳嗽一声，你都要记录。待到后面需要时，你自然会通过温故而知新的方式从你曾经或许认为无用或多余的记录中受益。

2.只要"感觉"有用，就务必特别标明。对于访谈中的重要话题或内容，只要你感觉有用，但还不确定是用在战略上还是用在广告上或是用在别的什么地方的时候，你所要做的就是特别标注这项内容，比如标红。因为思考会迅速而有效地打断你的思路，让你的访谈效果直线下降。如果不特别标注"感觉"信息，随后查阅访谈记录时极有可能遗漏非常重要的内容。

3.有灵感就立刻写下。在访谈过程中，受访者的话语一定会激发你各种各样的灵感或创意，这时，你要立刻用自己能看懂的词语写下来，以备访谈结束后去论证、完善那些灵感或创意。好记性不如烂笔头。

4.在别的访谈者询问时，你被激发出了新问题时一定要问。别的访谈者的询问角度可能会使你发现自己的访谈提纲里问题的不足，这个时候，你一定要询问你发现的、不足的新问题。记住，永远不要让自己的心里存有任何对于项目的疑问。

5.一定要完全地在信息不全甚至是极度欠缺的条件下做出完整、完善的战略终稿，之后再访谈时的效果会急剧提升。没有内调之前，你掌握的企业的信息肯定是不全的，然而，你必须在这样的不全状态下用尽全力地做出信息不全状态下的战略终稿。后面的事实一定会证明，当你用尽全力地思考每一个问题并试图完善战略时，你后面要进行的访谈的提纲会完善，你和受访者的共同语言重合度、你询问问题的精准度和深度、你的专业度等都会有惊人的提升。

6.事先有访谈提纲。在进行正式的内调或访谈之前，你一定要竭尽所能地把所有可能、计划、将要调查或访谈的问题全部、无遗漏地写出来。如此，在内调或访谈时才能最大化地保持工作的连续性，不遗漏重要内容，大大节省工作时间和成本，提高效率，提升效果。

7.访谈或内调之后，立即趁热打铁编撰战略报告，千万不要休息。在访谈和内调中，你会突然接触、分析、思考大量的信息，而人的记忆和创意的热情都会随着时间的流逝而锐减，所以，你务必要在访谈或内调后马上进行战略或其余报告的编撰。比如，你的访谈或内调的时间是3天，那么，每天晚上哪怕是23点结束了内调或访谈，也必须在受访者离开后立刻进行白天内调或访谈工作的整理、梳理，同时编撰、修改、完善战略报告或其余报告。

17.4　14个月的工作两个月完成，原因何在

为什么有些战略和定位公司需要15～30天才能完成的战略或定位，"维华商创"在质量更好的前提下只需要7天的时间？

为什么多数人做一份活动的创意文案或策划文案或需要15天的时间，"维华商创"在质量更好的前提下只需要两天的时间？

为什么企业14个月才能完成的标准化及编制100多本手册的工作，"维华商创"在质量更好的前提下只需要两个月的时间？

…………

在"维华商创"的实际顾问咨询过程中，我总结出几个提高工作效率的实用方法与大家分享。

1.学会分工，不能一窝蜂地都做一件事情。记住：一个和尚挑水喝，两个和尚抬水喝，三个和尚没水喝。如果是四个以上的和尚，其后果可想而知了。

2.田忌赛马的故事告诉我们：有效的资源组合其结果可以达到最优。所以，在分配成员及任务、时间、资源等的时候，一定要做"有效"的分配。仅仅有分工还不够，还得有统筹下的团队合作。

3.提升每个人的专业技能。这个是根，专业技能、专业水平差，想提高效率是非常困难的。

4.责任心不能只靠教育，必须制定严格尤其是科学的考核督导制度。第二次世界大战的时候，某个将军是如何提升降落伞的打开合格率的？每批降落伞随机抽取几只，让生产商试跳。亲爱的读者，这个故事启发你了没有？

5.抽取样本。这个的关键是"样本"的代表性，所以，通常要从不同角度取不同的样本。

6.工作方法。比如在调研门店的时候，如果门店太多，完全不需要一个一个地全部调研，只需要遵循三步走的方式即可大大提高工作效率：第一步，重点实地调研3～5类有代表性的门店；第二步，根据上一步的调研结果完善并"丰满"调研问卷，然后发放问卷给其余门店；第三步，根据问卷调研结果采取电话、视频甚至是实地调研的方式查缺补漏。

7.提前做无米下锅的事情。无米下锅？对，你没看错。比如在做战略、调研、手册、方案等之前，先尽自己所能地利用"已经拥有""尽可能掌握的资料"去做"完善"的、"最终版"成品。

8.借力。比如说，造10万支箭需要多久？肯定需要大批的工人和数月的时间！如何在一天之内完成？研究一下诸葛亮的草船借箭吧。

9.趁热打铁。比如调研一家门店的时候，事先准备好调研的完善的、最终版的方案或问题，白天调研的时候全力以赴地围绕事先的方案或问题进行，晚上的时候一定不要急着睡觉，因为过夜就会忘记很多。一定要趁热打铁、全身心投入地立刻写出所有的问题、建议。

10.平时的用心积累。如果你明白"好记性不如烂笔头"的道理，一定就能体会每天随时随地的记录与自己工作相关的灵感和信息的重要性了。那些看起来可能永远也不可能用到的信息，极有可能突然在某个你需要的时候蹦出来并给你一个天大的惊喜。当然，温故而知新是开发积累的"宝藏"最佳方法。记住：是最佳，没有之一。

17.5 顾问咨询不能只因钱而合作

其实，接顾问咨询单子和招募加盟商一样，不能因为对方或加盟商有钱就合作，双方是否有共同的价值观、沟通是否顺利、是否相互尊重、是否像一个团队一样的配合等也是至关重要的决定合作与否的重要衡量指标。否则，只是因为钱就合作，后面的合作可能也不会愉快，双方的优势被互相抵消而不是互相助力，最终极有可能导致双输。

17.6 如何高效地做战略与策划

1.首先是建立目录。可以使用既有的模板或参考数十个或更多个目录模板之后，做出一份全面性、适用性的目录。

2.对照目录的内容，分别填空。填空的方法可参考我的相关文章或著作，包括网络精准与非精准搜索、模仿借鉴同行与非同行、摘取最新的学术实践成果与经验、头脑风暴和"维华四圈定位法""维华四维平台模型""维华雷达选取特许权法"等。

3.特别要注意的是，不要空坐着去创意，而应采取有效方法激发创意。比如反复查看企业资料、搜索或查阅行业资料、查阅内调结果、到门店里体验，然后边阅读或体验，边"逼"着自己对于每段话、每份资料、每次体验至少产生两个创意，然后第一时间填写到上述的目录空白里。

17.7 顾问咨询误区

企业有如下误区皆可能导致咨询、策划失败。

1.重度依赖。以为咨询师、策划师可点石成金、扭转乾坤、改天换地，实际上，欲事成，需咨询师、策划师与企业双方共同努力。

2.重度多疑。比如拿咨询师、策划师A之战略给咨询师、策划师B看，B本着同行相轻、鸡蛋里挑骨头的原则，必以各种方式、理由对A的方案批判，而企业为巧言令色所动，失去判断力，不究其里，因而多疑，从而弃A从B，殊不知B之方案不如A。

3.企业矛盾自悖心理，一方面希望咨询师、策划师推翻自己的观点，一方面又希望对方按自己的观点行事。如此，咨询师、策划师两难。

4.企业内部人（含员工、已有顾问、股东、合作伙伴、供应商等）作祟。咨询、策划必致改革，改革必致利益重新分配，故既得利益者多阳逢阴违，而违者中又多以谤咨询师、策划师者为多。忠言难听，谗言易行，时日一久，诬言渐浓，企业主若无主见，则事必败。

5.企业主善变。比如每外出学习，必以所学衡量顾问而不论所学是否片面、极端甚至是错误的。

…………

17.8　顾问咨询的团队组成也有学问

顾问咨询的团队组成也有学问，为什么？因为顾问咨询需要双方的配合，如果客户认为找到顾问咨询公司就找到了救命稻草，则项目必败。

作为顾问本身，只有行业知识是不够的，只有模式知识也是不够的，只会说、写、做或创意等都是不够的，但一个人又不可能十项全能，不可能是全才。如此，则顾问咨询团队里的"文武搭配"及行业与非行业的结合、老中青的组合、资历老的和资历小的搭配、驻扎顾问和流动顾问的组合、组长和执行组长的安排、文案和落地的配合等，都是需要高超的协调艺术的。

17.9 小顾问咨询公司的组织架构也要按照大公司的标准设计

对顾问咨询公司而言，即便是初创的小微企业，组织架构也要按照大公司的标准设计，原因如下所述。

1.要让客户看到未来、看到奋斗目标，利于客户的目前成长、未来规划及自我激励。

2.实施一人多岗、一岗多能，既利于训练创业团队的能力，也利于这些初创成员将来走向管理岗位后的全面统筹能力的培养并积聚来自一线的实战经验。

3.避免随着公司的飞速发展而频繁调整组织架构、人事频繁变动，因为频繁变动会导致人心不稳、目标混乱。

4.利于每个初创期的团队成员不断修正自己的方向，明晰和完善自己的职业生涯规划，实现每个岗位、每个成员的专业化、专家化。

5.避免客户的企业主因碰巧看到了大公司的架构或被别有用心的人断章取义的蛊惑，进而因晕轮效应去怀疑与否定本来是很好的方案。

18
关于思维和智慧

18 关于思维和智慧

18.1 MMA格斗与太极之争给企业的启示

从最近热门的MMA格斗与太极之争中，企业是可以获得很多启示的。

比如，从定位的角度出发，太极和格斗的定位应该各自明确，扬长避短。企业也一样，如果找错市场位置，自然就找错了竞争者，其结果就是会面临生存之最大危机。

18.2 知识有领域、专业之分，但智慧无所限

知识有领域、专业之分，但智慧无所限，可迅速通达任何领域、专业及职业。

人的体力有限，但智慧无限，智慧仅靠掌握知识远远不够。求大成者须知：若只有知识，仅可称学者；上升为智慧，方为大师。其实，人世间万般知识，其终极原理都完全一致，都只有唯一一个，那就是万法归一。一者，智慧也。知一而可通百、通万、通无限；否则，虽知百而不及万分之一。若找到万法归一之一，则必能举一反三、一通百通。特许经营亦不例外，视其为渠道、只在第三产业、只是店，则识其甚浅，仅知其表；视特许经营为模式，则知之更进一层，然仍未及里；终极者，以网络、复制、点等视之，方为特许经营之至高境界，方可提升为智慧。

18.3 "一抄、二仿、三创新"的真正含义

我总是讲，企业应有的3种策略就是"一抄、二仿、三创新"。但是，不能片面、机械、呆板的理解，不能机械、片面的模仿，而应该根据自己的实际情况去做出适当的改变。所以，我们在连锁店复制的时候，在学习、借鉴、模仿竞争者或者优秀企业的时候，应该坚持既学其形、又学其神的原则，不能只是学了外形，忽略了企业背景、特殊条件及个性化因素等。那样的话，就变成东施效颦了。

18.4 功夫与特许经营可相互借鉴

功夫与特许经营、商业模式可相互借鉴，功夫讲究一胆二力三技术，特许经营、商业模式亦如此。

一胆者，要求创始人与团队有魄力，不瞻前顾后，不惧怕加盟风险，不担忧路途坎坷，要抱着既已出发、但不回头之荆轲刺秦之精神。

二力者，要求企业须得有实力，包括产品、研发、团队、资金等硬条件，若不全具，至少应有其一。否则，很难成功。

三技术者，要求企业在软条件上，比如商业模式、体系、制度、流程、标准化、手册、管理、营销等方面要科学、系统、现代化。

胆、力、技术者相辅相成，缺一不可。

18.5 "剪枝蔓，立主脑"与特许经营3S的"简单化"异曲同工

叶问曾说过，"真的功夫一定要剪枝蔓，立主脑"。实际上，叶问的这个"剪枝蔓，立主脑"的功夫观点和特许经营的经典3S原则中的"简单化"的思维异曲同工。为此，企业在做商业模式或路演项目的时候，就应该"剪枝蔓，立主脑"，比如简洁明快、"简单粗暴"，直接说明盈利模式、资金的进入退出机制、风险与对策、市场计划等关键点即可，不要太复杂难懂。

曾经找过我咨询的企业中，有不少项目就是太过复杂，需要1个多小时才能听懂其商业模式。这样的项目不会是好项目，当然不会赢得投资人和加盟商的兴趣。所以，融资不成和招商失败就是必然的了。我在帮企业融资的时候，要求企业在两分钟内说清楚商业模式。如果说不清楚，对不起，我已经没兴趣了。

企业在做营销或促销方案的时候，比如给顾客的积分、奖励等，也应让顾客一看就懂。否则，冗长的说明反而会使顾客失去了解的兴趣，因为大家

都明白时间的价值。消费者与其花大量时间去了解一个复杂的会员方案，不如直截了当地加入一个简单易行的消费奖励之中。比如，你与其设计一个顾客消费就是投资、消费累加就导致级别和积分及权益不同的复杂方案，不如设计一个秒返奖励的简单措施更为吸引人。

企业的内部管理也应"剪枝蔓，立主脑"，也就是说，企业应该把不需要但花费了成本、费用等的工作最大化压缩、删减，以此提高效率、降低支出。比如，我见过一个客户的人力资源KPI方案，非常烦琐。发工资的时候，好几个人力资源的员工加班加点地计算来计算去，即便这样也经常出错。至于员工本人，则基本上没有人能准确地算出自己到底能领多少钱。显然，这样的KPI方案是失败的，浪费了大量的人力，严重降低了效率，其考核、激励的效果大打折扣。再如，企业开会的时候也应删繁就简，把事情说完、把问题解决了就散会，不要总结个没完没了。需要签字报销、领取物品、申请方案的时候，也应尽可能地减少签字的人员和所谓的"走流程"等。

企业在编制特许经营手册的时候也应"剪枝蔓，立主脑"。比如，企业要在把问题说清楚的前提下尽量减少文字、图片、视频等内容，不要刻意追求手册的厚度。比如，广告文案类的东西应直奔主题，而不是像有些企业的广告那样，绕来绕去，以至于顾客都不知道你的商品或者服务的诉求点到底是什么。比如，工作流程应单个优化精简和整体优化精简反复交替进行，把多余的工作和环节全部删除，直至达到最小的成本、最快的速度和最高的效率。比如，客服在服务加盟商和消费者的时候，也应尽可能去掉没必要的前言后语而直接解决问题，以提高单位时间的服务效率和满意度。再如，在为顾客提供商品或服务的时候，也应向麦当劳、肯德基学习，压缩商品或服务的制造或提供过程，以使顾客获得快速的惊喜体验。再如，在响应顾客购买或外卖等的App上也应尽可能地删减不必要的注册、核对信息等环节。再如，酒店业就应该尽量实现迅速入住和秒退房，而不是让顾客在前台等好久。再如，在商品的品类上，也可以向奥乐齐、开市多等严选超市那样，压缩品类、只提供每个类别的2～3个SKU即可。

总而言之，企业应该在强化和突出"主脑"的基础上，大幅度地"剪枝蔓"。如此，企业的效率和效益就一定会迅速和大幅度地改善。

18.6　一分学，二分练，七分靠领悟

我经常给我的学生与学员讲，如果你想学好一门知识，成为一个领域的真正的大师而不是一般的所谓高手，那么，你就必须得牢记我的话：一分学，二分练，七分靠领悟。这和老话"师父领进门，修行靠个人"讲的是同一个道理。只有成为大师，你才能真正地触摸到你那个领域的真谛，才能在千变万化的内外环境中游刃有余、得心应手。所以，那些合格的教学或培训的老师们也必须得懂这个道理。在教学或培训时，老师们除了教会学生或学员们靠死记硬背就能迅速掌握的知识之外，还得设计独特的场景而不是在就地取材的实景之中对学生或学员进行训练。最重要的，是要教会学生或学员如何"领悟"，或者说，教会他们如何思考——思维和智慧的层面。而这正是我提出的：你如果想在特许经营领域成为真正的大师，必须把它从渠道上升为模式，再升华至思维与智慧的最主要原因。

知识有领域，智慧无界；知识局限于某个专业，智慧则可以举一反三，可以知一通百、通千、通万、通无限；多数已有的知识短期内有效，而智慧则可以实现知识的自我更新并因此长期有效。比如古代兵法的很多阵法在当今社会是根本无法实施的，然而其知识背后的智慧却万古长青。如果你只懂得开店、连锁、特许经营的知识而没有触及特许经营的真谛，你是无法理解我所说的从店到点、两权分离的16种门店形式、深度和宽度的终极10类盈利模式组合、任何资源都可特许经营和"维华面积矩阵""维华雷达法"等一百多个我最新的科研成果的，你最多只是知道了一些肤浅的知识而已。因此，肩负着人类灵魂工程塑造和传承、创新的教学或培训就是一门技术，是一门考验老师的专业素养、责任心、智慧的技术。

循序渐进、系统传授式的春雨润物才是教学或培训的至高境界。

19
随想

19.1 关于执行力、"犁地"等管理问题

下面这些内容是我自己的体会，在我自己的公司的文化里就有这样的条款。

1.理解了执行，不理解了也要执行。解释的成本太高。没有一个公司的高层的战略是想把自己置于死地。信任是力量。

2."犁地"重要，抬头看路更重要。不然，"犁"到人家的地了，再多的辛苦和汗水也是无效的。

3.会"打仗"，更要将会"打仗"的东西提炼出来，从而把公司每个人都变成会"打仗"的高手。

4.管理者应学会抓大放小。

19.2 塑造企业文化的两种主要方式

企业塑造企业文化的目的是什么？主要目的是为了形成一种适合自己、适合市场、适合时代并以此为企业提供有竞争力、可持续发展的工作氛围和对外的企业形象。为此，编制企业文化的系列手册时，不能只是坐在办公室里做无米之炊，而应走到企业和市场的第一线以不断地发现问题、解决问题，如此塑造出的企业文化才是解决问题的、有用的文化。因此，塑造企业文化的主要方式就有两种。

1.围绕企业意欲形成的工作氛围展开塑造。每个行业、每个企业、每个时期在每件事情上都可能会要求企业有对应的工作习惯、工作方式、工作结果等工作氛围。因此，企业为了实现经营或公益的目的，需要围绕上述这些不同的要求设计出对应的不同的企业文化内容。

2.在现场发现问题，并且应用于解决问题的实践中。如果发现企业的有些人员动不动就提加班费、讲条件的话，那企业文化就应设计"奉献"类的内容。"奉献"不是说要让员工无偿劳动，而是要引导大家在诸如创业初期、特殊工程、构建特许经营体系、编制特许经营手册等特殊时期内理解企业、

艰苦奋斗、与时间赛跑。如果企业的有些人员不负责任，对工作的用心程度不够，做事浮皮潦草，那么，企业文化里就要有"负责"类的内容，以唤起大家要么不干、要干就干好的意识和精神。如果发现企业里的有些人员做事速度太慢，每天都是不紧不忙、慢吞吞地工作，甚至故意地磨洋工、耗时间，那么，企业文化里就要刻意形成"快速""高效"的氛围。如果发现企业的有些人员总是在做工作但总是没业绩、没成绩，那么，企业文化里就应有类似"落地""结果"之类的内容设计。如果发现企业的有些人员在领导面前或领导在场的时候总是特别积极踊跃、主动承担工作，却在事后根本不去执行，严重影响企业发展，那么，企业文化里就应设计类似"执行""诚实"的内容。

19.3 产品定价的方法

最近做咨询项目时，关于产品的定价问题几经波折，最后终于形成了一套完整、相对科学的定价方法，特整理出来分享给读者。

背景：该产品新进入市场，成品的制造主要是通过对母液的不同浓度的配比而形成。成品的主要表现形式或销售表现包括两个要素：容量（比如 30～4000ml）、浓度（比如 5～600ppm）。此外，其他表现形式或销售表现包括添加剂、品牌、包装、应用场景、功效、市场的空缺度、竞争激烈度、公司自己的战略意图等。

第一步，将产品科学分类。因为该系列产品的核心功效为消毒、杀菌、抗菌、抑菌，所以该产品的应用场景非常广泛，包括医院、吃穿住行玩的门店、办公室、养殖场和飞机、汽车及道路等。我们按照3个分类标准逐层把产品归为有序的类别。

第一个层次，按照产品的消杀模式，分为如下5个基本款：消杀空气、消杀物体表面、清理液、清洗液、洗漱液。其他组织或个人有特殊的需求时，再另行定制。

第二个类别，在上述的一级分类标准下，再按照二级分类标准（即容量）

进行分类，比如分为30 ml、50 ml、100 ml、300 ml、500 ml、1000 ml、2000 ml、4000 ml等8个类别。

第三个类别，在上述的二级分类标准下，再按照浓度进行分类，比如按照ppm从小到大依次分为5、10、15、20、30、60、100、160、300、600等10个类别。

第二步，调研出竞争者的产品价格分布区间。这句话的意思是市面上有很多竞争者，价格不同。我们把竞争者的产品价格从低到高排列出来，或者画成价格分布曲线。

第三步，确定本产品的市场价格位置。根据企业自己的品牌价值、本产品的技术含量等明显影响价格的客观因素决定本产品的市场价格位置。

如果本产品的技术含量明显高于竞争者的产品，但因为是新进入市场的产品，品牌知名度不足，为了更好地切入市场，本产品就可以有3种基本的定价策略：一是低价冲击市场，占领市场份额；二是高价策略，赚取撇脂利润；三是在高价和低价之间取一个倾向于高或倾向于低的价格。

第四步，计算出单位有效含量的价格，即单元价格。在上一步确定了本产品的市场价格位置之后，就可以寻找出相同价格的产品同样容量和浓度的竞争者的价格。

比如，我们找出了100ml、20ppm产品的对标产品的价格是40元，则：

本产品的单元价格=40元÷（100ml×20ppm）

=0.02元/ml.ppm

第五步，计算出每类产品的基础价格。如此，本产品不同容量、不同浓度的产品的基础价格就可以按照下面的公式计算出来了。

基础价格=单元价格×容量×浓度

比如，本产品300ml、30ppm的产品的基础价格就是：

300ml、30ppm的产品的基础价格=单元价格×容量×浓度

=0.02元/ml.ppm×300ml×30ppm

=180元

第六步，计算出每类产品的实际价格。

产品的实际价格通常分为基本的3类：建议零售价、最低零售价、进货价。在这3类价格中，我们只需要计算最低零售价即可。因为建议零售价通常是在最低零售价的基础上增加10%～20%的比例；进货价则是最低零售价的20%、30%等，当然，进货价还可以进一步地细化，比如根据订货量的多少、先付款项的比例多少、结算账期的长短、渠道本身的价值等共同决定最终的折扣价。

最低零售价如何计算？方法有很多，可以有模仿对标法（比如是对标产品的价格的一个比例）、根据容量和浓度外的其余影响价格的要素（比如添加剂、品牌、包装、应用场景、功效、市场的空缺度、竞争激烈度、公司自己的战略意图等）对基础价格进行修正等。

19.4　什么样的案例才能入选我的系列特许经营教材

为了对读者负责，在选择我写的特许经营的大学教材中的案例时，我确实是很费了一番脑筋的。那么，一个企业能进入我的教材的正面案例，需要满足哪些条件呢？

通常的基本要求是：企业至少要正常、成功运营20年以上，上市公司为佳，全国或全球性的特许经营&连锁经营，门店数量超过1000家，必须有加盟店，有大量且明显的社会公益行为，企业价值观正确，不能有明显的、多次的产品安全、店大欺客、破坏环境等负面行为。所以，全球性的跨国连锁企业通常会更多地成为我写的教材的案例，局限于一个或几个省的企业通常会落选。另外，我熟悉的连锁企业，尤其找我顾问咨询过的企业的案例基本上会进入到教材之中，因为知根知底、信息准确，经过我调理之后更合乎法、商、德、情，所以更放心，更有资格成为教材案例。

19.5　研究者的最重要品质之一是客观

作为研究者，最重要的品质之一是客观、公正、理性、全面地看待事物，否则，很容易把自己及那些迷信权威的人给误导了。

19.6　科研不容易，特许经营的科研更不容易

你知道科研有多难吗？你知道特许经营的科研更难吗？

特许经营学科之所以一直能傲立商业模式的最前端，其最重要且没有之一的原因就是因为特许经营学科不断地在与时俱进地更新、创新、融合并最终实现超越和引领。几乎大多数国家的首富都曾经被特许经营企业的创始人问鼎过。

自从十几年前我提出特许经营学并开始构建完整、完善、完全的学科所有知识体系、框架及细节以来，我丝毫不敢稍微地每天放松于这个学科的知识的与时俱进地更新、创新、融合。

比如，因为特许经营适用于所有产业，适用于吃穿住行玩等每个行业，为了研究不同行业的特许经营的深度、宽度、普适性、独特处等，我必须且毫无选择余地地去研究每个行业。

比如，近来为了研究服装业的特许经营，我逼着自己每天去琢磨时尚，琢磨那些看起来荒谬的离奇古怪的艺术，琢磨女性的化妆，琢磨古今中外的审美观点……我的脑袋里面充斥着眼影、粉底、腮红、假睫毛和COSPLAY、二次元、蜘蛛侠等。

脱离了行业的研究只能是特许经营模式的共性，结合实际行业的研究与实践则更多的是共性和个性。

虽然很难，但我的特许经营学的科研永不会止，至少是因为越难的事情越有价值。

19.7　真诚感谢3类人：客户、学生（学员）、搅局者

不管是我当初构建全部的特许经营学的学科体系、框架和具体内容，还是一直保持到现在的每天都要搞特许经营与连锁经营领域的科研的习惯，对

特许经营新思维

于我不断研发出的最前沿的特许经营与连锁经营领域的模型、算法、公式、实战技法、理论、思维等，我都要特别感谢3类人：客户、学生（学员）、搅局者。为什么？因为这3类人不断地给我灵感、启示和科研课题的方向。当然，客户和学员给我的多数是正面的科研方向，而搅局者则几乎全部是从反面给了我一些弘扬正确知识的机会。

首先是客户。在我的咨询项目中，会遇到各种各样的问题、障碍甚至是大家都认为无法解决或逾越的困难，这时恰恰是我最开心的时候，因为我知道：这些问题、障碍和困难正是完善特许经营学科、发现课题的最佳切入点。于是，我把每个咨询项目的活动和过程都当成是发现问题、科研课题及完善特许经营学的绝好机会。数十年下来，我的那些关于标准化的技巧、手册系统"战法"、选址模型、盈利模型、单个门店面积的计算、特许经营费用的计算、单店的16种产运组合、招商的"撕裂大脑思维"、特许体系的"五驾马车"、线上线下的融合、"大特许"、实体店+、加盟商的"管控"及"维华雷达选特许权""维华四维矩阵的多元化""维华四圈定位法""商业模式选择的维华三类九条表"等现在已经被国内外的连锁企业广为传播和使用的成果，都是我实际的咨询过程中遇到问题、障碍和困难后，我自立课题和方向把它们全部解决的结晶。如此经年累月，特许经营学的学科里就不断地增加新的内容，学科的空白也就不断地得到填补。

其次是学生（学员）。教学相长的真正意义或许只有长期、专业于教学和科研的人才能深度认同和体会。在我的学生（学员）中，第一类是本科生、硕士生和博士生，他们的思维角度和关注点偏于理论、学术、定量、较真、普适性、抽象、前沿，更具有深度和小精细的特点。所以，在教学中遇到他们提出各种各样的问题时，我就会对每个问题进行彻底研究。师道尊严，我必须给他们一个正确、完美、严谨和无懈可击的答案。我的第二类学生也可叫作学员，指的是社会上的企业家等，比如我举办的国内顶级的特许经营特训营及特许经营峰会、论坛等的参加者，这些学生（学员）提出的问题的特点主要是实战、具象、全面，具备明显的行业特色或特殊性。面对他们的问题时，我同样也会对每个问题进行深度和严谨的科研，然后把我的研究结果告诉他们,在实践中检验后再完善、提炼,最后才作为成果对外公开发布。所以,我的那些理论、观点、战法等,读者可以放心执行,因为那些都是经过不同情境下的反复验证后的实战结果。

最后是搅局者。正是因为自命为业内专家的一大群"搅局者"们不断地扔出自己的错误、过时的观点,所以,我才能不费力地看出大家对于特许经营与连锁经营的误解及走入的误区,而这些误解和误区自然也成了我讲课、演讲、咨询及科研的题目。否则的话,我还真是不太容易知道人们究竟对特许经营有哪些误解和存在哪些误区的。

当然,上述的3类人是我科研的选题方向主要来源,除了他们之外,我还会主动研究和发现科研方向、从失败的案例中和成功的案例中获得灵感、以举一反三的思维从外行领域获得启示等。

无论如何,请读者务必记住我的体会:如果你想成为某个领域的专家,你必须要做的事情之一就是坚持不断地与时俱进的科研,因为科研是你成为匠人的必经之路。

19.8 和几个企业家聊天后的几点体会

最近和几个企业家聊天之后有些许体会,写出来希望对读者有所帮助。

1.在如今的市场现状下,如果你的产品想卖得好,尤其是拥有单品的你,产品最好得有如下4个特征:体验效果快速(最好是当场)、体验效果明显、产品的利润空间大、产品相比同类产品而言有独特的优势。否则,在同质化严重、抄袭模仿盛行、大资本虎视眈眈地随时准备入场、消费者比较浮躁的当下,你很难做好。

2.原先一直固执于直营的几个非常知名的国内品牌,终于扭转了思维,开始做加盟了。然而,与其在竞争对手的压迫下被动地开展加盟,不如早早地主动开展加盟更好。

3.如果你想融资,请先撰写好你的商业计划书。如果你对于需要融多少钱、给多少股份、这些融来的钱的具体用途是什么、如何风控融来的钱及你是否把融资的项目当成你的终生最看重的事业、你的未来市场计划等问题都稀里糊涂的话，没有人敢给你投钱的。

4.情怀很重要，但在市场经济里，只有情怀是远远不够的。

5.犹豫不决，为了点小钱抠抠唆唆、不大气的人是永远做不了大事的。

6.一旦你选择了合作伙伴或职业经理人（或顾问），你就要充分信任他。怀疑你自己的选择的人其实就是怀疑你自己的能力及你自己的事业。

19.9　平等、互相尊重的合作才会成功，乞求来的合作必败无疑

前段时间一个持有著名品牌的朋友去融资。面谈融资计划的时候，计划投资的企业家不断地接电话，而且一聊就很长时间，就当着融资人的面，完全无视他的存在。

聊完之后，为了自己的心血和事业而选择继续隐忍的融资人把合同连夜做好之后发给了计划投资的企业家，并隔三岔五地提醒对方看协议。但是，对方根本不回融资人的信息、不回融资人的电话，就是爱理不理的样子。

融资人后来问我对这件事情的看法，我的看法非常明确：对于这种融资，我是极不赞成的。对方从一开始就对融资人缺乏最基本的尊重，完全是施舍的、居高临下的心态。这种心态之下，融资人和投资人的后期合作一定不会愉快，合作的事业也必败无疑。

建议那些哪怕是去融救命钱的企业家：不尊重你的投资人给你再多的钱，你也不应该要，你需要的是投资伙伴，不是金钱的施舍者。

19.10　做商业计划书的思维

一位朋友来办公室找我，说他的融资路演只被打了55.8分（满分100分）。然后，他问我该如何做好一份商业计划书或路演的PPT。当然，如何做好商业计划书或路演的PPT的思维方式有很多，此处仅举一例：反向思维。

当你的演讲对象或读者是投资人的时候，你做文件就绝对不能只从你的角度出发，而应该完全相反。也就是说，要从对方的角度出发思考问题，这就是反向思维：投资人希望看到或听到什么？唯有或只要如此，一份好的商业计划书或PPT的内容自然而然地就出来了。

比如，投资人通常关注的商业计划书或PPT的主要内容包括：市场的存量和增量，你的核心竞争力，你的商业模式，你的团队，你的市场计划，你的财务预算，以及这个项目的风险及应对风险的对策等。所以，你只要按照上面的反向思维后的投资人想看到的结果去编制你的文件并演讲，效果自然就会好得多。

19.11　学习是一门技术，也是一门艺术

为什么很多企业家不断地到处学习，为此付出了很多学费，却始终没真的学到什么，并且有的人还似乎越学越迷茫？主要的原因有4个。

1.选择培训班不当。国内培训市场的乱象超乎大家的想象，企业家如果不加辨别而只是相信他们的广告宣传的话，真的就是"赔了学习又蚀财"。

2.不注重扎实的基本功而喜欢花架子。很多企业家都喜欢直接听到如何做，而忽视为什么这样做。所以，学到的知识就是无根之木、无源之水、没有升级可能的盗版软件。你所听到的那些支离破碎的"技"或"巧"在短期内或许有用，但假以时日，你所学的内容很快就过时了，你还必须得继续学习、不断地学习。所以，那些想通过学习改变自己和企业的企业家，一定要系统、全面地从基本功学起，比如说从定义开始学起。就如同练武术一样，直接学习花架子，不能忍受枯燥乏味的马步和体能训练的话，那些花架子招数的效果会大大降低。

3.迷信著名企业里的人。一些峰会、论坛甚至是培训班，都会请一些著名企业的人讲课，或是纯粹的站台，爱学习的企业家千万要记得：很多著名企业里的人或许在自己的企业里做得不错，但他讲的内容绝大多数都是他自

己的企业和岗位上的经验，很大程度上不是真正的经营秘诀，或者说不适合你的企业的实际状况，或者说他们的经验范围十分狭窄，成功之道很难在你的企业复制。

4.所学知识要么是放之四海而皆准的常识，要么就是过时的知识。很多培训师每天忙于包装自己、"赶场子"，根本没有时间和能力及精力去搞所讲领域的深度、宽度和前沿的研发，他们所讲的内容绝大多数都是一些常识或过时的知识。所以，即便你再认真学习，也是毫无用处。

19.12　提升自己专业知识和技能的几个诀窍

与大家分享一下提升自己专业知识和技能的几个诀窍，这些诀窍都是我自己的切身体会。

1.讲课。台上一分钟，台下十年功。即便你在台下搞了长时间的研究，只要上台讲授，就一定有极大的可能发现自己研究中的不足、漏洞甚至是错误。教师这个职业是最需要与时俱进的职业之一，所有你这个专业领域的最新内容和趋势必须一清二楚。否则，你根本应对不了那些有着各种各样兴趣点、知识点的庞大的学生群体。我的习惯之一是一旦研究出了什么模型或算法，比如"维华三类九条表""维华雷达""维华加盟指数""维华盈利模型的循环算法""计算单个门店面积的维华面积矩阵"等，我就会第一时间给我公司的顾问们讲解，通过内部讲解，发现不足，然后完善，再然后才是对外讲授或发表文章。

2.答疑。除了讲课之外，一定要勇于、善于、勤于、频繁于给学生答疑。学生们来自于不同角度、不同背景经历、不同基础知识程度上的疑问，往往会给你很多启示，他们的很多疑问点也许就是你科研的选题。如此，在助人的同时也获得了选题方向，何乐而不为呢？我的关于特许经营费用、生命周期曲线、盈利模式、商圈保护范围的计算模型等都是在给企业、学员答疑的过程中产生选题方向的。

3.纠错。为什么老师这个职业的人都喜欢抠字眼，甚至是过分严谨呢？

那都是批改作业的习惯性思维。在不断的挑刺、否定、批判的过程中，其实也是自己对知识的梳理、深度思考的过程。我给本科生、研究生出的考试题几乎每年都有一类"知识纠错"题目，内容全都是市面上的专家大师们的文章或图书中的片段截取，以教会学生分辨正误、综合运用正确知识的能力。好在市面上关于特许经营与连锁经营的文章、书籍中的错误不少，所以，每年都有出不完的考试题。

4.翻译外文资料。只有翻译外文资料的时候，你才会一字一句地去搞懂作者的真实、正确想法。自2000年开始，虽然读者看到的只是那些我已经翻译出版的10多部国外经典的特许经营书籍，但实际上我翻译后并未出版的书籍和文章要远远多于这些。正是在翻译的过程中，我得以全面、系统、大量地深度学习和了解了国外业界专家教授们的精辟见解，也才奠定了我的特许经营学的基础。

5.实证。无论你自诩才富五车还是学高八斗，检验你学问价值的最佳方式就是把这些学问放在实践中检验。对于实证而言，顾问咨询是最适合做这种事情的职业之一。因为顾问不是在具体的企业里的工作人员，顾问需要频繁地面对不同发展程度、不同行业、不同团队、不同企业文化等各种实际情况。所以，优秀顾问对于企业的看法通常是高于仅在某企业某岗位工作的工作人员的。

6.辩论。你自己的看法和观点一定是带有你的个人印记的，而辩论则是带有不同印记的观点的碰撞，往往会碰撞出更客观、更正确的观点，至少，有些道理是越辩越明的。

7.找到对手并战胜他。战胜对手的欲望一定会促使你更努力地提升自己，战胜对手的过程一定就是你不断提升的过程，战胜对手的结果一定是你有所成就的那天。但是，必须找强手过招。

8.融汇式的学习。不能只学习自己的专业知识。这个世界上的知识是一通百通、举一反三之后可以融会贯通的，虽然专业知识不同，但各门学科之间的思维和智慧是相同或相通的。所以，除了学好专业知识之外，一定要学好专业之外的知识。于我而言，除了特许经营之外，对于人力、财务、物流、营销、电商、法律、VI 设计等领域的知识都会学，同时也会大量阅读历史、哲学、文学、军事等方面的著作并学习之。

9.悟。即使有再好的学习经历和实践训练，如果没有悟的过程，最多只能成为一个"初级 worker"，而非有创新、有成就的专家。悟是在拥有知识基础、实践经历、悟道目的和方法之上的深度、宽度思考，是一种研究，是一个否定自己、打倒自己、重新塑造崭新自己的过程。

…………

凡此种种，交错用之，持之以恒，必有大成。

19.13 方法和知识一样重要，或更重要

做事情的时候，方法和知识一样重要，或更重要。比如，我们要做一份文件，你掌握了如下的流程和方法会大大地缩短时间、减小成本、提高效率、提升结果的质量。

1.先成文。先凭你已有的知识、信息做出文件的终稿。记住：一定是你无法有任何增删内容的终稿。在此过程中，把疑问、随时闪现的灵感单独记在另一个单独的文本里。

2.针对性的科研。针对上述的疑问，以"科研"的精神和方法逐个解决，比如可以用搜索、与专家交流、查找资料、试验、沙盘推演、访谈当事人等方法。带着预先的疑问和预先做文件过程中的困惑点和灵感去做这项工作的时候，你会发现效率大大提升。记住：一定要在边看资料、边访谈、边试验的过程中随时、随手记录上述疑问的答案、新疑问及随时闪现的灵感。

3.反反复复。反复重复上述第二步的做法，直到完成第二次无法有任何增删内容的终稿。

4.最终完善。在上面第三步的终稿完成之后，再反过来查看以前的所有资料，然后随时、随手修改。至此，大功告成。

19.14 对信息的"强迫利用、规避"很重要

在我的成功构建特许经营体系五步法里,第一项工作是市场调研,而市场调研的第一项工作是分析宏观环境,如用PESTN法分析宏观环境。我曾经讲过,对于PESTN的每一个要素,一定要从"利用"与"规避"这两个正反方面去"强迫"自己思考与得出结论。若不善于从细微信息的字里行间悟出用、避之道,则企业可能有巨大危险。比如,明初有个江南商人富甲一方,有朋友自南京回到江南,说起朱元璋近日赋诗一首:"百僚未起朕先起,百僚已睡朕未睡。不如江南富足翁,日高丈五犹披被。"富商听罢,叹气说:"危险的兆头已经出现,赶紧跑吧!"富商立即变卖家产,远走高飞。别的富商皆不以为然,纷纷嘲笑逃跑的富商想多了。然而,不出两年时间,江南大族几乎都被朱元璋治罪、没收家产,独独逃跑的富商得以善终。这则故事足以说明:对于企业而言,对信息的"强迫利用、规避"很重要。

19.15 学习能力很重要

企业家大多非常爱学习,但很多人的收获并不大,其根本原因之一就是学习能力差,从而导致学习效率、效果大打折扣。具备较强学习能力的人,必须至少具备下述几个特点。

1.静下心来。心不静,万物难入。心静则神可至远。融其中,方能窥真貌。否则,永远浮于知识的水面上,一生不得近真理。

2.不求形,重内容。比如,不在意老师是否讲的有趣,而把自己的全部注意力都放在内容上。

3.擅于举一反三、融会贯通。会此者,学一而知百。否则,学百只知一。

4.学则用。一边学习,一边能迅速有效地把所学的知识与自己的实际工作结合起来,迅速有效地运用于实践之中,"逼"使知识产生实际效果。此自我强迫症久之,但凡所学,必有所用,定有所用,这才是知识的落地价值。

5.切记浅尝辄止。知一为一横,知二为二横,遂停止,以为皆懂。事实

上，三确实为三横。然而，四及以后皆不为横也。

6.信任与全程。有很多人只喜欢学习自己喜欢或自己认为有价值的内容，轻视或放弃自己认为没价值的内容。大错特错！老师之所以安排课程，必有其完整体系和承启逻辑。你不必怀疑内容有用无用，只管全程跟下来学习便是，之后，你必有所得。以自己之喜好与判断而取弃，终学无所成。

7.问。任何知识，皆不能靠纯粹讲授而全得，你还须抓住机会，多向老师请教、多与老师沟通。有时，对方一言胜于你读书10年或思考10年。

19.16　情怀与商业模式

情怀只能作为商业模式的催化剂，但绝不能代替商业模式。

19.17　众筹，一个工具而已

众筹这个新事物或模式需要完善与完整，将其作为创业、展业的其中一个工具最好，不能神化、万能化、片面化、自恋化。否则，众筹会变成众愁，然后再变成众仇。

19.18　对于一家企业而言，什么最重要

根据我自己的创业与管理经验，对于一家企业而言，最重要的事务之一是一定要有优秀的企业文化，包括以光荣的事业目标而非单纯的利益追求为愿景、正直正义、德先才后的培养原则、领导的以身作则、团结友爱的同仁关系。文化正，企业正，事业正，前途才正。